Als die Kinder aus den Krautköpfen kamen

Mit freundlicher Unterstützung

BIBLIOGRAFISCHE INFORMATION DER DEUTSCHEN NATIONALBIBLIOTHEK
Die Deutsche Nationalbibliothek verzeichnet diese Publikation in der Deutschen Nationalbibliografie; detaillierte bibliografische Daten sind im Internet abrufbar: http://dnb.d-nb.de

2014

Umschlagfoto: Fotoagentur Ernst Volland, Berlin
Porträtfoto: Tiberio Sorvillo
Design & Layout: Athesia-Tappeiner Verlag
Druck: Book on Demand, Norderstedt

ISBN 978-88-6839-042-6

www.athesiabuch.it
buchverlag@athesia.it

Die Geschichten in diesem Buch basieren auf wahren Begebenheiten. Namensgleichungen sind jedoch rein zufällig und stellen keine persönliche Ansprache dar.

Bettina Gartner

Als die Kinder aus den Krautköpfen kamen

Damals in Südtirol

Ich danke allen Lesern, die sich mit diesem Buch auf die Reise durch die Südtiroler Vergangenheit machen!

Herzlich, Bettina Gartner

Inhalt
oder: Wahre Begebenheiten

Zu Beginn ein Gedanke

Die Geschichte ist ein Strom. Ein Strom aus Erfahrungen und Formen, aus Gefühlen und Gedanken, aus Worten und Weisheit. Erst drei, vier Generationen ist es her, dass in Südtirol Leichen auf dem Dachboden tiefgefroren und Kinder verschenkt wurden. Diese Vergangenheit wird in diesem Buch erzählt.

„Hannah“ steht dabei stellvertretend für diejenigen, die diese Geschichten erlebt haben. Denn alles, was erzählt wird, hat sich wirklich zugetragen.

Das Leben ist ein Strom, der sich verändert. Mitunter verlässt er sein Bett, ufert aus, verzweigt sich in Kanäle und windet sich durch die Landschaft. Auch wir Menschen gehen nicht immer den geraden Weg durchs Leben. Wir umschiffen Verantwortung, schlagen Schleichwege und vermeintliche Abkürzungen ein, die sich später oft als Irrwege entpuppen, schweifen aus, aus Angst, auf die Wahrheit zu treffen, und lassen uns von Ego und Eitelkeit gern auf falsche Fährten locken. Haben wir wieder auf den rechten Pfad zurückgefunden, kommt uns unsere Vergangenheit oft bizarr vor. Doch sie ist es nicht. Denn in unserem Werdegang hat alles seinen Platz. Alles entsteht aus seiner Zeit und alles ist in seiner Zeit. Wer es dort lässt, braucht es nicht zu bewerten und nicht zu gewichten, nicht zu vergöttern und nicht schlechtzumachen. Auf diese Weise werden die Ereignisse der Vergangenheit zu den guten, tiefen und starken Wurzeln, aus denen wir erwachsen und die uns helfen, standfest zu sein.

Aller Anfang ist schwer oder: Wie mein Leben begann

Manche Menschen sind Glückskinder. Sie sind unter einem guten Stern geboren, pflegte meine Tante Trude zu sagen. Ich gehöre nicht dazu. Man muss sich fragen, warum ich überhaupt geboren wurde. Ich glaube, Pfarrer Ferdinand war maßgeblich daran beteiligt. Wäre er nicht gewesen, gäbe es mich vermutlich nicht.

Im Grunde war unser Dorfpfarrer Ferdinand ein netter Mensch. Etwas gedrungen in der Gestalt und mit teuflisch wenig Temperament gesegnet, doch soll man von einem Hirten auch nicht allzu viel erwarten. Dass Pfarrer Ferdinand unser Hirte war, wiederholte er gern. Dabei waren seine Worte ein gleichmäßiger Singsang, der wie ruhiges Wasser dahinplätscherte. Es war leicht, ihm zuzuhören, doch schwierig, ihm zu folgen.

Dass Pfarrer Ferdinand unser Hirte war, sagte er so oft, dass es bei aller Eintönigkeit auffiel. Er war der Hirte, wir waren die Schafe. Und wie jeder gute Hirte sorgte sich Pfarrer Ferdinand sehr um seine Herde.

Gegen Ende des Jahres 1950 war er so besorgt, dass er meine Eltern aufsuchte und sie fragte, ob alles in Ordnung sei – alles in Ordnung mit den ehelichen Pflichten. Zwei Jahre war ihr jüngstes Kind Theresa nun schon alt und meine Mutter war in dieser Zeit nicht wieder schwanger geworden. Ehen wurden geschlossen, um Kinder in die Welt zu setzen.

Es wollte sich doch niemand vergnügen, ohne die Folgen zu tragen? Oder, noch schlimmer: Sie würde doch nicht verweigern, was er wollte?

Es war alles in Ordnung. Meine Mutter war eine pflichtbewusste Person. Als Pfarrer Ferdinand kam, um nach dem Rechten zu sehen, hatten meine Eltern bereits sechs Kinder. Ihr Bauernhof warf nicht genügend ab, um noch mehr Mäuler zu stopfen. Meine Eltern hatten meistens nur drei Kühe, ein Schwein und ein Pferd. Wer mehr Kinder im Haus als Vieh im Stall hatte, tat gut daran, sein Fortpflanzungsverhalten zu überdenken.

Außerdem hatte sich in den letzten Jahren eine Enttäuschung nach der anderen eingestellt: Ein Mädchen nach dem anderen war geboren worden. Es war wie verhext, es war zum Verzweifeln.

Dabei hatte alles so gut begonnen. Gleich im ersten Anlauf hatten meine Eltern einen Sohn gekriegt. Mein Vater war aufgeblüht vor Stolz, meine Mutter war erleichtert. Die ehelichen Pflichten zu erfüllen – damit konnte sie dienen. Gleich mit dem erwünschten Ergebnis aufzuwarten – das war ein Geschenk des Himmels. Der Herr hatte meinen Eltern Karl beschert. Karl war ein prächtiger Kerl. Drei Monate nach seiner Geburt war meine Mutter, beschwingt und pflichtbewusst, wieder schwanger. Doch nach Karl kamen nur noch Mädchen: das erste, das wie fast alle erstgeborenen Mädchen Maria hieß, dann Rosina, Herta, Hilde, Theresa. Dazwischen zwei Fehlgeburten. Meinen Eltern gingen die Mädchennamen aus, meiner Mutter die Kräfte. Acht Schwangerschaften in elf Jahren, dazu die Feldarbeit und der Haushalt, Waschen ohne Waschmaschine, Putzen ohne Staubsauger, Kochen ohne Fertigprodukte, jeder Knödel handgemacht.

Doch dann kam Pfarrer Ferdinand und erinnerte an die ehelichen Pflichten, als gäbe es sonst nicht genug zu tun.

Kein Wunder, dass manche Bäuerin froh um eine schöne Dirne war, und zwar nicht nur, weil sie im Haushalt anpackte. Eine schöne Dirne half mitunter auch bei den ehelichen Pflichten – wenn auch nicht immer freiwillig. Mancher Bauer nahm sich einfach, was er wollte. Ein Bett im Kornfeld. Dann hatte die Bäuerin ihre Ruhe, ab und an zumindest, und war froh darüber.

Wir hatten keine Dirne. Es fehlte am Geld. Abgesehen davon hatten sich meine Eltern ehrlich lieb. Vielleicht wollten sie auch deshalb kein Kind mehr. Vielleicht wollte mein Vater meine Mutter nicht verlieren. Mit jeder Geburt war sie schwächer geworden. Eine Woche Bettruhe und eine Schüssel Hühnersuppe – einer alten, ausgezehrten Henne abgepresst – brachten sie längst nicht mehr zu Kräften.

Als meine jüngste Schwester Theresa geboren wurde, war meine Mutter 38 Jahre alt. Zu jung zum Sterben. Mein Vater hatte die Lust an Kindern verloren. Und dass womöglich noch ein Mädchen dazukam, wollte er ohnehin nicht riskieren.

Pfarrer Ferdinand sah das anders. Er war gleich nach der Sonntagsmesse aufgetaucht, beschwingt vom Blut des Herrn, den Weihrauch im Gewand. Meine Mutter stellte ihm einen Teller mit Tirtlan vor. Pfarrer Ferdinand neigte den Kopf zur Seite und schaute auf seine gefalteten Hände. Meine Mutter saß ihm gegenüber, mein Vater zu seiner Linken. Der Bauernofen, der meiner Mutter im Rücken stand, strahlte Wärme aus. Doch nicht diese trieb ihr die Röte ins Gesicht. Es waren Pfarrer Ferdinands Worte. Und sein Blick, der Bände sprach. Beiläufig erzählte er vom Weib, das er bei der Beichte nicht hatte von seinen Sünden lossprechen können, weil es nur zwei Kinder hatte. Meine Mutter wäre am liebsten im Boden versunken. Mein Vater fühlte sich in seiner Ehre gepackt. Es war einer der schmachvollsten Momente im Leben meiner Eltern.

Noch schmachvoller war nur das Malheur mit der Männerfahne. Die Männerfahne war größer als alle anderen Fahnen und wurde zu besonderen Anlässen durchs Dorf getragen. Einer dieser Anlässe war der Kirchtag. Unsere Kirche war dem Heiligen Ägidius geweiht. Am ersten September war der Gute gestorben und am Sonntag darauf feierten wir – ein großes, lustiges, buntes Fest. Schon am Samstag stellten die Männer den Kirchtag-Michl auf dem Dorfplatz auf einen 30 Meter hohen Stamm. Wäre der Michl nicht aus Stroh gewesen, ihm wäre sicher übel geworden. Ich konnte nicht einmal vom Dachboden hinunterschauen, ohne dass mir flau im Magen wurde. Peter Sigmair, der in Stein gemeißelt neben dem Michl stand, wirkte mit einem Mal richtig klein, obwohl er sonst unser alles überragender Held war. Er hatte mit Andreas Hofer gegen die Bayern und die Franzosen gekämpft und war am Ende von ihnen erschossen worden. Beim Kirchtag aber stand der Michl im Mittelpunkt. Er wurde von den Burschen des Dorfes bewacht, damit die Burschen der Nachbardörfer ihn nicht stahlen. Fiel er ihnen in die Hände, konnten sie Lösegeld verlangen oder ihn an ihrem Kirchtagsfest kopfüber neben ihren Michl hängen. Das hätte selbst eine Strohfigur nicht verkraftet.

Während die Burschen den Michl bewachten, brachten die Mitglieder der Musikkapelle ihre Instrumente auf Vordermann und übten Polka, Walzer und Boarischen. Sie richteten die Festkarren her und schmückten sie mit luftgefüllten Krapfen und Früchten der Saison. Praktischerweise hatte der Heilige Ägidius zu einer Zeit das Zeitliche gesegnet, in der die Felder voll standen, und die Auswahl groß war. Der Dorfschuster, der nicht nur mit Geschick, sondern auch mit Geduld gesegnet war, drapierte die Samen und Körner zu wunderschönen Altarbildern, jedes Jahr zu einem anderen. Ich war immer sehr beeindruckt. Am besten gefielen mir die Heilige Maria, die ihre Base Elisabeth hinterm Berg besuchte, und der Heilige Georg, der mit seiner Lanze den Drachen besiegte. All diese Szenen waren aus gelbem Weizen, roten Hagebutten, schwarzem Buchweizen und blauen Weintrauben gemacht.

Am Kirchtag selbst gab es gegrillte Würste und halbe Hähnchen und Strauben, deren Duft hinauf bis in Michls Nase zog. Es gab Wein und Bier und Schnaps und den Weiten Kegel, wobei das eine dem anderen eher abträglich war. Der Beste beim Weiten Kegel war mein Onkel Walter – trotz des Weins, den er genauso liebte. Er gewann den Weiten Kegel fast jedes Jahr. Als Hauptpreis gab es ein Schaf, das mein Onkel Walter in seinen Stall zu den anderen Viechern stellte.

Die liebste Beschäftigung am Kirchtag aber war das Tanzen. Jeder tanzte, auch die Männer. Die Zeiten, in denen die Frauen ob Männermangels oft gemeinsam tanzen müssen, waren noch längst nicht angebrochen. Vor der Tanzfläche stauten sich die Paare und das, obwohl man Eintritt zahlen musste: 50 Lire für drei Tänze. Polka, Walzer, Boarischen. Danach kamen die nächsten Tänzer an die Reihe. Das ging so weiter, bis die Lichter ausgingen oder die Schuhsohlen durchgetanzt waren.

Doch vor das Vergnügen haben die Götter bekanntlich den Schweiß gesetzt. Für uns bedeutete das: Wir mussten zur Prozession gehen.

Die Prozession fand am Vormittag nach der Messe statt. Betend und singend zogen wir durch die Felder ums Dorf, Pfarrer Ferdinand mittendrin. Als weithin sichtbares Zeichen überragte die Männerfahne das Geschehen. Mein Vater durfte sie tragen. Er war Fraktionsvorsteher und Feuerwehrkommandant und kräftig dazu. Der richtige Mann für diese ehrenvolle Aufgabe. Alljährlich fieberte er ihr entgegen, und schon wenn er sich nach der Messe die breite Lederhalterung um Hüften und Schultern schnallte, merkte man ihm die Aufregung an. Der Heiland dürfte an seinem Kreuz nicht minder schwer getragen haben als mein Vater an seiner Fahne. Wie der Herr hatte auch mein Vater einen Helfer: Dieser ging vor der Fahne her und hielt sie mit starken Bändern im Gleichgewicht.

Jahrelang ging alles gut. Bis 1959 das Malheur passierte. Kurz vor der Kirche, wo der Weg einen Bogen macht, schlug uns bei der Prozession plötzlich ein heftiger Windstoß entgegen. Wie ein Segel bauschte er die Fahne auf. Mein Vater hatte keine Chance. Er taumelte. Er ging in die Knie. Die Fahne kippte – und riss den Stolz meines Vaters mit in die

Tiefe. Mein Vater hat nie davon gesprochen, aber ich glaube, er hat es nie verkraftet.

Bis zum Malheur mit der Männerfahne war der Besuch von Pfarrer Ferdinand die größte Schmach im Leben meiner Eltern gewesen. Zu Pfarrer Ferdinands Verteidigung sei gesagt, dass er nicht als einziger Hirte derart bemüht um seine Herde war. Weil ihr Bett offiziell kalt blieb, steckte die Geistlichkeit ihre Nase nur zu gern in fremde Federn.

Einmal im Jahr trafen sich die Pfarrer des oberen Pustertales in unserem Dorf beim Bruggenwirt. Was sie zu besprechen hatten, weiß Gott allein. Auf jeden Fall kamen sie ungeheuer wichtig daher. So viel geballte Gottesvertretung war wahrlich beeindruckend. Die Pfarrer gingen weit hinein in die Gaststube, vorbei am Ofen, neben dem eine Wiege stand. Jedes Jahr lag das neue Baby der Bruggenwirte darin. Eingewickelt wie eine Mumie nahm das Neugeborene ein Kreuzzeichen nach dem anderen entgegen.

Die Herren Hochwürden waren zufrieden – bis die Wiege eines Jahres fehlte. Das Schlimmste ahnend, stürmte einer der Pfarrer in die Küche, wo die Bruggenwirtin gerade einen riesigen Topf voller Gerstelsuppe wärmte.

„Habt ihr denn heuer kein Kind?“, brach es so entrüstet aus dem Pfarrer hervor, als hätte ihm ein Ministrant vor der Wandlung zu wenig Wein in den Kelch getan.

Die Bruggenwirtin brauchte ein paar Augenblicke, um zu begreifen, worauf er hinauswollte. Ihre Augen weiteten sich. Sie streckte den Arm aus und zielte mit dem Zeigefinger zur

Tür, die ins Hinterzimmer führte: „Heuer liegt's im Hinterzimmer – und jetzt hinaus aus meiner Küche!"

Die Bruggenwirte waren dem Wunsch des Pfarrers zuvorgekommen. Meine Eltern beeilten sich, ihm nachzukommen. Der Sonntag war der richtige Tag dafür. Neun Monate nach Pfarrer Ferdinands Besuch wurde ich geboren.

Bei meiner Geburt war mein Vater nicht zu Hause. Es war Anfang September und auf den Feldern gab es viel zu tun. Der Weizen wurde geschnitten, die Kartoffeln aufgeklaubt, der Pofel gemäht.

Anders als heutzutage hoben Schwangerschaft und Geburt die Welt damals nicht aus den Angeln. Sie drehte sich weiter und mit ihr alles, was zu tun war. Meine Oma Jule erzählte gern, wie sie am Tag von Onkel Walters Geburt am Vormittag auf dem Feld gewesen, zu Mittag niedergekommen und am Nachmittag wieder zur Arbeit gegangen war.

Zäh waren damals alle Frauen, doch nicht jede hatte Glück. Die Tragödie der Einzelnen ging im Trott des Alltags unter. Einen Arzt sahen die Frauen während der Schwangerschaft kein einziges Mal. Zur Geburt wurde die Hebamme geholt – und die kam manchmal zu spät. Den Fronl-Hof, der am Fuße des Einsers lag, erreichte sie erst, als die Fronl-Bäuerin schon tot war. Das Baby hatte überlebt. Es war ihr siebtes Kind.

Als mein Vater vom Feld nach Hause kam, lag ich frisch entschlüpft in Mutters Armen. In der Haustür kreuzte mein Vater die Hebamme, schüttelte ihr die Hand und fragte, ob sie nächstes Jahr wieder behilflich sei.

Die Holzdielen knarrten, als mein Vater die Stube durchquerte, um in das dahinterliegende Schlafzimmer zu gelangen. Das Herz meiner Mutter, die erschöpfter denn je im Bett lag, schlug schwach. Mein Vater steckte den Kopf durch die Tür.

„Und?", fragte er.

„Ein Mädchen", antwortete meine Mutter.

Ohne ein Wort zu sagen, schloss mein Vater die Tür. Er hatte das Zimmer nicht einmal betreten.

Man mag sich fragen, ob es diese Gefühlskälte war, die mich nicht gut gedeihen ließ, oder die Tatsache, dass meine Mutter zu wenig Milch hatte. Ich war krank. Es sah nicht danach aus, als würde ich lange auf dieser Erde bleiben. Man sah mich schon als Engelchen im Himmel. Schnell wurde ich getauft. Einen Tag nach meiner Geburt goss mir Pfarrer Ferdinand in der kalten Kirche das kalte Taufwasser über den Kopf. Warm wurde mir erst wieder im Gasthaus. Die Aufnahme in die Gemeinschaft der Gläubigen wurde stets ausgiebig gefeiert. So ausgiebig, dass man alles vergaß. Man vergaß die Strapazen, man vergaß das Kind. Mein kegelfreudiger Onkel Walter blieb als Täufling im Gasthaus zurück, während sich die Taufgemeinschaft auf den Heimweg machte. Derart frühkindlich geprägt ist ihm die Freude am Gasthaus zeitlebens geblieben.

Ich indes gewöhnte mich an die Eindrücke in unserer Küche, wo mein kleiner, kranker Körper in den nächsten Wochen meistens lag. In der Küche war es am wärmsten. So warm wie im Gasthaus. Ich muss gehört haben, wie meine Mutter in ihren Pfannen und Töpfen rührte. Ich muss das schwarze Band gesehen haben, das korkenzieherförmig von der Decke hing und auf dem jede Menge Fliegen klebten. Sie schossen auf die zuckersüße Beschichtung, als könnten sie es nicht erwarten, an ihrer Gier zugrunde zu gehen. Ich muss die Hennen gerochen haben, die unter der Küchenbank in ihren Steigen hausten. Hennen sind ungute Hausgenossen. Sie gackern und ihr Kot stinkt. Aus ihren runden Augen starrt der Stumpfsinn. Aber in der Küche hatten sie es warm wie ich und waren wahrscheinlich genauso froh darüber.

Meine Schwester Herta schob fleißig Holz in den Herd. Dabei wärmt doch vor allem die Liebe. Keiner spürte das deutlicher als ich. Manchen kranken Kindern gab man Mus und Schmalz, damit sie wieder zu Kräften kamen. Das war gut gemeint, endete aber nicht selten tödlich. Diese Rosskur blieb mir Gott sei Dank erspart. Doch auch ohne Mus und Schmalz ging es weiter bergab mit mir. Mit drei Monaten bekam ich Bronchitis. Mein Atem rasselte. Mein Gesicht war blau. Bedenklich blau. Die Hoffnung aufs Überleben schwand von Tag zu Tag. Irgendwann schien mein Schicksal besiegelt. Jede Minute rechnete man mit meinem Heimgang. Mein Vater ging zur Abendmesse, um für das Heil der Menschheit zu beten. Meines sparte er aus. Als er wieder nach Hause kam, lag ich noch immer röchelnd in meinem Körbchen. Mein Vater war überrascht: „Ist sie denn noch immer nicht tot?"

Nein, der Herrgott wollte mich einfach nicht zu sich nehmen. Vielleicht hatte er gerade genug Engelchen vorrätig.

Vielleicht wollte auch er kein Mädchen. Das Tauziehen zwischen Himmel und Erde endete bodenständig: Ich überlebte.

Doch so einfach sollte ich nicht davonkommen. Beim nächsten Versuch, mich loszuwerden, war ich zwei Jahre alt. Meine Eltern beschlossen, mich zu verschenken. An Onkel Walter, der selber keine Kinder hatte. Onkel Walter, der Bruder meines Vaters, hatte den elterlichen Hof geerbt. Er hatte viel Vieh und jede Menge Land. Ein Junge als Erbe wäre besser gewesen. Doch zur Not, und die Not war groß, durfte es auch ein Mädchen sein. Onkel Walter war ein herzensguter Mensch und hatte eine Frau, die zusammenhielt, was übrigblieb von dem, was er in seiner Gutmütigkeit verlieh, verschenkte und durch Bürgschaften verlor. Finanziell wäre es mir bei ihnen sicherlich besser gegangen als bei meinen Eltern mit den drei Kühen und den sieben Kindern. Doch ich machte mir nichts aus Geld. Weinend stand ich an Onkel Walters Gartenzaun und rief nach meiner Schwester Herta. Der Rotz rann mir übers Gesicht und verklebte meine blonden Engelslocken. Ich wollte nichts essen, ich wollte nichts trinken, ich wollte nicht schlafen, ich wollte nichts erben, ich wollte nur zurück nach Hause. In der ersten bewussten Erinnerung meines Lebens heulte ich gegen mein Schicksal an. Drei Tage lang. Ich setzte mich durch. Man gab mich zurück. Mein Leben konnte von neuem beginnen.

Früh übt sich …
oder: Was ich als Kind zu tun hatte

Zu Beginn meines Lebens hatte ich mich durchgesetzt. Es sollte das einzige Mal sein. Das Leben im Südtirol der Fünfzigerjahre war kein Wunschkonzert, nichts für einen starken Willen. Es wurde befohlen und gehorcht. Aus. Basta. Es gab Dinge zu tun und man dachte nicht darüber nach, ob das, was man tun musste, dem entsprach, was man tun wollte. Man fragte nicht, ob es andere Möglichkeiten gab. Jeder hatte seinen Platz, jeder seine Aufgabe.

Meine Aufgabe bestand nicht darin, Kind zu sein, die Welt zu entdecken, mich zu entfalten. Meine Aufgabe war es, das Geschirr zu waschen, die Diele zu schrubben, die Kühe zu hüten. In einem Alter, in dem heute aus Sorge um das Kind alle Steckdosen im Haushalt gesichert werden und es nur mit Hilfe eines kellenbewaffneten, warnwestetragenden Lotsen über die Straße gehen darf, stellte man mich vor einen Berg Geschirr oder schickte mich hinaus auf die Weide.

Da ich mit meinen fünf Jahren das Waschbecken in der Küche noch nicht erreichte, musste ich auf einen Stuhl steigen, um die Teller, Tassen, Gläser und Töpfe eines Neun-Personen-Haushalts sauber zu kriegen. Nur die Löffel und die Gabeln blieben mir erspart. Die leckte nach dem Essen ein jeder selber sauber und schob sie in die Schlaufen unterm Tisch.

Früh wurde mir klar, was das Leben von mir erwartete: Eine Hausfrau sollte ich werden, arbeitsam, gehorsam, sittsam. Wenn ich etwas zerbrach, bekam ich Vaters harte Hand zu spüren. Oder seinen Gürtel. Oder ich wurde zur Strafe in den Keller gesperrt, wo es stockdunkel war. Dort sollte ich, höchstens von Mäusen gestört, darüber nachdenken, warum ich seinen Erwartungen nicht entsprach.

Mein Problem war der Ernst. Der fehlte mir. Ich hatte ein fröhliches Gemüt und freute mich des Lebens, obwohl es mich so unschön empfangen hatte. Vielleicht war ich einfach nur froh darüber, zu Hause und nicht bei Onkel Walter zu sein. Ich kicherte und lachte mehr, als mir selber oft lieb war. In manchen Momenten gab es einfach keinen Grund zur Heiterkeit – wenn ich etwas zerbrach zum Beispiel oder beim Gebet. Sich Gott zuzuwenden war eine todernste Sache. Andacht bedeutete Ernst. Ich hielt von beidem nicht viel und beging den Fehler, dies zu zeigen. Sogar in der Messe! Den ganzen Tag konnte ich nicht gelacht haben, in der Kirche tat ich es bestimmt – mitunter ohne ersichtlichen Grund, einfach nur, weil im Leben das Verbotene immer das Schönste ist. Noch während ich kicherte, wusste ich, dass ich die Zeche dafür zahlen würde. Dafür sorgte Oma Jule.

Oma Jule nahm es genau mit dem Glauben und mit dem Gebet. Sie betete immer, sogar auf der Straße. Uns war das peinlich. Doch Oma Jule war eine alte Frau, die sich nicht dreinreden ließ. Dafür mischte sie sich mindestens genauso gern wie Pfarrer Ferdinand in unsere Angelegenheiten ein. Einmal zerrte sie mich kichernden Knirps sogar während der Messe aus der Kirchenbank hinaus in den Mittelgang und zwang mich, für den Rest des Gottesdienstes dort zu knien. Noch nie hatte ich so sehnsüchtig auf Pfarrer Ferdinands Segen gewartet. Und noch nie war mir das Lachen so gründlich vergangen.

Oma Jule hatte einen eingefleischten Sinn für Strafe. Selbst Pfarrer Ferdinand ermahnte sie, strenger zu uns zu sein. Es sei seine Christenpflicht, uns mit seinem viereckigen Stock zu schlagen, sagte sie. Oma Jule stand in meiner Beliebtheitsskala nicht gerade hoch oben.

Wieder daheim, musste ich nach jeder Kicherattacke in der Kirche zur Strafe vier Vaterunser lang auf Holzscheiten knien. Das schnitt ins Fleisch. Und ging in die Knochen. Scheit für Scheit wurde mir die Fröhlichkeit ausgetrieben.

Fröhlichkeit war keine Tugend für eine Hausfrau. Was zählte, war die Reinlichkeit. Sobald ich das Geschirr gewaschen hatte, musste ich die Holzdielen im Gang, in der Küche und in der Stube spülen. Ich war ehrlich bemüht, doch es schien ein ungeschriebenes Gesetz zu sein, den Ansprüchen meiner Schwester Hilde nicht zu genügen. Hilde sah es als ihre Aufgabe, meine Arbeit zu kontrollieren, und sie hatte immer etwas auszusetzen. Ich nehme an, dass es ihr ähnlich ergangen ist, als sie die Jüngste war und die Dielen putzen musste. Der Mensch ist ein Gewohnheitstier. Er tut das, was ihm angetan worden ist, gern anderen an, mag er noch so sehr darunter gelitten haben. Je mehr Hilde auszusetzen hatte, desto mehr packte mich der Ehrgeiz. Eines Tages wollte ich es wissen. Ich und meine Bürste gaben alles. Der Boden strahlte vor Sauberkeit, ich strahlte vor Stolz. Ich war mir sicher: Diesmal würde Hilde nichts auszusetzen haben. Doch ich hatte meine Schwester unterschätzt. Zielstrebig steuerte sie auf die offene Eingangstür zu, schloss sie und deutete auf das Eck, das zwischen Türangel und Holzstock lag. „Hier!“, frohlockte sie. „Hier hast du noch nicht geputzt!“

An diesem Tag gab ich die Hoffnung auf, eine perfekte Hausfrau zu werden.

Doch zu irgendetwas musste ich bestimmt sein. Vielleicht zum Hirten? Pfarrer Ferdinand war mein Vorbild, obgleich ich weit weniger Schafe hatte als er. Genau genommen musste ich auch nicht Schafe hüten, sondern Kühe.

Mit sechs Jahren trieb ich unsere drei Kühe – die Resi, die Trudl und die Zachl – auf die Weide. Mit einem Stecken, der länger war als ich selbst, stapfte ich durch die Felder auf die begrasten Berghänge zu. Vor mir ragten der Zwölfer und der Einser auf, eine Sonnenuhr aus Stein. Genau um zwölf stand die Sonne über dem Zwölfer, um eins über dem Einser. Für Gott ist kein Ziffernblatt zu groß.

Ich mochte die Berge, aber ich fürchtete die Senke, die auf meinem Weg zur Weide lag. Sie lief durch die Felder, als hätte ein gigantischer Pflug sie gefurcht. Mit jedem Schritt fiel das Gelände ab. Die Erdwände wölbten sich mir entgegen und drohten mich zu verschlucken. Es wurde dunkler und kälter. Hunderte Male mag ich durch diese Senke gegangen sein. Jedes Mal bekam ich Gänsehaut.

Zum Glück waren meine Kühe folgsam. Wenigstens um sie brauchte ich mir keine Sorgen zu machen. Schafe wären schlimmer gewesen. Schafe haben zwei Schwächen. Sie kennen nur einen Herrn: das Schaf mit der Glocke. Ihm und nur ihm folgen sie. Wenn es einem Hirten gelingt, das Glockenschaf zu bezirzen, weiß er auch die Herde hinter sich. Wenn nicht, rennen die Schafe wild durcheinander. Irgendwo steht immer eins. Dreht man sich kurz um, sind sie schon zwei Schritte weiter. Flöhe hüten ist leichter.

Die zweite Schwäche der Schafe ist ihre Gutmütigkeit. Sie wehren sich nicht. Da kann ein Pfarrer kommen und die Erfüllung der ehelichen Pflichten einfordern oder ein Wolf und sie in Stücke reißen – sie gehorchen oder schauen teilnahmslos zu. Der Hirte triumphiert oder hat das Nachsehen und den Ärger dazu.

Noch schlimmer als Schafe sind Ziegen. Mein Cousin Harald musste Ziegen hüten. Ich habe Harald um vieles beneidet. Dafür, dass er ein Junge war. Dafür, dass Tante Trude ihm immer Milchreis zubereitete. Und dafür, dass er den Kirchtag-Michl bewachen durfte. Ums Ziegenhüten beneidete ich ihn nicht. Ziegen sind schlauer und hinterlistiger als Schafe. Harald wusste, dass er die Gunst der Ziegen am besten durch gutes Futter erlangte. Ziegen sind Gourmets. Ihre Liebe geht durch den Magen. Harald bog seinen Ziegen Zweige auf Augenhöhe herunter, damit sie an die zarten Sprossen kamen. Er führte sie zur Wiese mit den besten Kräutern und den schönsten Blumen. Solange Harald die Ziegen verwöhnte, war die Welt in Ordnung. Doch eines Tages verspielte er ihre Liebe. Er versperrte ihnen den Zugang zum Balkon, auf dem verlockend rot blühende Geranien standen.

Die Ziegen sannen auf Rache. Als Harald Tage später nicht aufpasste, stellten sie sich auf die Hinterbeine, reckten die Hälse in ungeahnte Höhen und rissen die Geranien rabiat herunter, um sie anschließend achtlos liegen zu lassen. Wohl aus Trotz verspeisten sie sie nicht. Spöttisch schauten sie von den zerrupften Geranien zum verdatterten Harald. Sie waren ihm auf ewig bös und ließen ihn das bitter spüren. Trieb er sie in den Wald, fanden sie garantiert ein Schlupfloch durch den Zaun auf die Wiese. Waren sie auf der Wiese, entkamen sie garantiert in den Wald. Und hatte sie Harald dort aus den Augen verloren, standen sie garantiert nur ein paar Meter entfernt und taten keinen Mucks. Nur ein Esel kann sturer sein.

Der Gassler-Bauer hatte einen Esel. Er war sein bester Freund. Das Tier begleitete ihn überallhin, sogar zum Bruggenwirt. Es war folgsam und lieb. Bis ihm ein paar Burschen des Dorfes eines Tages gehörig auf die Nerven gingen. Während der Gassler-Bauer beim Bruggenwirt ein Paar Frankfurter mit Senf aß, beschmissen die Burschen den draußen wartenden Esel mit Steinen. Als der Gassler-Bauer aus dem Gasthaus kam, wollte das Tier partout keinen Schritt mehr tun. Der Gassler-Bauer wusste nichts von den bösen Buben und schimpfte den armen Esel. Er zog vorne und drückte hinten. Der Esel rührte sich nicht. Da ging der Gassler-Bauer ins Gasthaus, ließ sich zwei Holzscheite geben und machte dem Esel Feuer unterm Hintern. Und was tat der? Er ging zwei Schritte nach vorn und blieb wieder wie angewurzelt stehen.

Ich hatte glücklicherweise meine folgsamen Kühe – und den Zwölfer im Blick. Weiter konnte ich ohnehin nicht gehen. Denn hinter den Bergen, so glaubte ich, hörte die Welt auf.

Dass es auch hinter den Bergen eine Welt gab, erfuhr ich, als ich acht Jahre alt war. Damals durfte ich zum ersten Mal in die Stadt fahren. Anlässlich meiner Firmung sollte ich fotografiert werden. Ich hatte schon gehört, dass es irgendwo eine Stadt gab. Vorstellen konnte ich mir nichts darunter. Mein Onkel Walter bot an, mich zu fahren. Er hatte nicht nur eine Vorliebe für Gasthäuser, sondern auch eine für Autos. Neben dem Huber-Bauern, der in allem der Erste war, hatte mein Onkel Walter als einer der wenigen im Dorf zu dieser Zeit einen fahrbaren Untersatz.

Wie aufregend es war, in seinem Fiat 600 zu sitzen und durch die Gegend zu fahren! Anfangs versperrte uns der Wald die Sicht. Dann wurde das Tal breiter. Es war eine Offenbarung. Mir stockte der Atem. Da standen sie: Häuser und eine Fabrik, mit einem Schornstein darauf. Hinter den Bergen ging tatsächlich die Welt weiter!

Nach meinem Ausflug in die Stadt dauerte es nicht mehr lange, da kam die Welt zu uns in die Berge – durch das Radiogerät vom Huber-Bauern. So etwas hatte nicht einmal mein Onkel Walter. Alle im Dorf gingen zum Huber-Bauern, um es anzuschauen. Es stand auf einer Stellage in der Stube. Ich war sprachlos, als ich die Stimme aus dem Apparat hörte. Es war, als spräche eine höhere Instanz zu uns herab. Knackend und rauschend zwar, aber sie sprach. Es ging um die Römer und um die Juden und darum, dass sie Jesus gekreuzigt hatten. Ich kannte die Geschichte von Pfarrer Ferdinand. Aus dem Radio klang sie noch unheilvoller. Als die Geschichte zu Ende war, verstummte die Stimme. Das gelbe Licht auf dem Apparat ging aus. Ich verstand nicht, was los war. Zum Glück wusste es Annelies.

Annelies war meine beste Freundin. Sie wohnte drei Häuser weiter und ging mit mir in dieselbe Klasse. Wir saßen nebeneinander und ihre blonden Zöpfe, die bis zu den Ellebogen reichten, kitzelten im Unterricht meinen Arm. Der Mann im Radio hätte das Licht ausgemacht und sei zu Bett gegangen. Auch Radiomänner müssten mal Pause machen, sagte Annelies.

Als ich das nächste Mal Radio hörte, war ich wieder verwirrt. Denn diesmal sprach kein Mann, sondern eine Frau. Seit wann hatten Frauen etwas zu sagen? Wieder wusste Annelies Rat. Der Mann sei wohl auf dem Feld, meinte Annelies, und ließe der Frau deshalb das Wort.

Dieses neumodische Gerät war mir wahrlich nicht ganz geheuer. Als zum Ton noch das Bild kam, kapitulierte ich endgültig. Das Fernsehen war definitiv nichts für mich. Dabei wäre ich so gerne in die Kinderstunde gegangen. Am Samstagnachmittag durften alle Kinder beim Huber-Bauern eine Stunde lang fernsehen. Doch mein Magen wollte nicht, egal, ob ich mich nah an den Bildschirm setzte oder weit davon entfernt, ob ich etwas gegessen hatte oder nüchtern war. Er verkrampfte sich und drehte sich und drückte alles und nichts wieder heraus. Ich gab die Kinderstunde auf. Während sich die anderen anschauten, was in der Welt draußen geschah, spielte ich mit meiner Puppe Cinzia und züchtete Kaulquappen. Wenn ich in meiner Welt blieb, ging es mir gut.

Dass sich mein Horizont trotzdem erweiterte, verdanke ich der Schule. Ich war eine brave Schülerin. Wissbegierig saß ich um acht auf der Schulbank und war froh, wenn der Unterricht im Winter nicht um halb zwölf endete, sondern bis halb vier weiterging. Ich wurde auch nicht müde, ständig dasselbe zu hören. Dass immer wieder dasselbe unterrichtet wurde, lag am System. Die Schulpflicht betrug acht Jahre, Klassen gab es nur fünf. Also machten wir drei Klassen zwei Mal oder die fünfte sogar drei Mal.

Je älter jemand wurde, desto weiter rutschte er in der Sitzordnung der Klasse nach hinten. Ich passte sogar noch auf, als ich in der letzten Reihe saß. Am Ende konnte ich alle 20 Strophen von Schillers Bürgschaft auswendig, alle Dörfer Südtirols in alphabetischer Reihenfolge aufsagen, alle Ergebnisse des Dezimalsystems bis 20 mal 20 herunterrasseln – vorwärts genauso schnell wie rückwärts. Ich fand das kollektive Sitzenbleiben gar nicht mal so schlecht. So konnte ich nachholen, was ich im Frühjahr und im Herbst versäumt hatte. Dann nämlich musste ich auf dem Feld helfen und durfte nicht zur Schule gehen. Ich war nicht die Einzige, der es so erging. Manchmal fehlte die Hälfte der Schüler im Unterricht. Der Herr Lehrer beklagte sich, doch er konnte nichts dagegen tun. Die Bauern hielten nichts vom Studieren. Studieren sei keine Arbeit, sagten sie. Als mein Cousin Harald Jahre später die Universität besuchen wollte, kam Tante Trude zu uns und meinte schweren Herzens: „Wir müssen ihn studieren lassen. Zum Arbeiten taugt er nicht.“

Auch ich steckte meine Nase liebend gern in Bücher, obwohl es bei uns zu Hause so gut wie keine gab. Außer der Bibel natürlich, aber die zählte nicht. Eine Bibel gehörte in jeden Haushalt. Sie war nicht Lektüre, sie war Inventar. Das Einzige, worin meine Mutter manchmal las, waren Liebesromane und der Reimmichl-Kalender. Sie tat es heimlich. Kam jemand zur Tür herein, warf sie das eine wie das andere in die eigens offen stehende Schublade und die Schublade flog zu.

Der Reimmichl-Kalender war Gebetsbuch, Zeitung und Liebesroman in einem. Er enthielt Gedichte, Gebete, Kräutertipps, Kochrezepte, Fortsetzungsromane, christliche Gedanken und sogar ein paar Witze. 1920 hatte der Defregger Pfarrer Sebastian Rieger den Kalender unter dem Pseudonym Reimmichl herauszugeben begonnen und damit eine ganze Generation zum Lesen gebracht.

Außer dem Reimmichl-Kalender und der Bibel wurde Gedrucktes in unserem Haus nur ungern geduldet. Wenn ich meine Schulbücher mit nach Hause brachte und auf den Tisch legte, schleuderte sie mein Vater in die Ecke. „Lern lieber abspülen!“, sagte er. Wenn ich mich abends bei Licht über meine Bücher beugte, wurde er sogar laut: „Schalt das Licht ab! Es kostet Geld!“

Also lernte ich heimlich, nachts, mit der Nachttischlampe unterm Kopfkissen. Ab und an war die Müdigkeit stärker als der Wissensdurst. Ich nickte ein. Einmal fand mich mein Bruder Karl bei brennendem Licht schlafend vor. Er verpetzte mich nicht. Doch sein Schweigen hatte einen Preis. Ich musste ihm die Füße waschen. Wie Jesus vor seinem Jünger Petrus kniete ich vor ihm und schaute auf seinen kleinen rechten Zeh, der ungewöhnlich lang war. Ich hätte Karl gern gesagt, dass er einen sehr hässlichen kleinen rechten Zeh hatte. Doch das konnte ich schlecht tun. Er war eindeutig im Vorteil: Er war ein Mann, er war der Älteste, und er hatte mich beim Lesen erwischt.

Das Einzige, was meinen Vater in puncto Schule interessierte, waren meine Noten in Religion und Betragen. Gebet und Gehorsam mussten überall stimmen. Ansonsten hätte es im Zeugnis von ungenügenden Bewertungen wimmeln können. Es hätte ihn nicht geschert.

Bei mir wimmelte es von guten Noten. Der Herr Lehrer war so angetan, dass er mich nach sechs Volksschuljahren in der Mittelschule anmeldete. Heimlich natürlich, ohne dass mein Vater davon wusste. Die Mittelschule war nicht Pflicht. Ich hätte nach der Volksschule endlich eine gute Hausfrau werden können. Doch der Herr Lehrer wollte es anders. Erst einen Tag vor Unterrichtsbeginn schenkte er meinem Vater reinen Wein ein. So hatte der keine Zeit zum Nachdenken und stimmte zu. Am Ende hat er von meinen schulischen Leistungen sogar profitiert. Bei einem Aufsatzwettbewerb gewann ich 67.000 Lire. Ein kleines Vermögen für die damalige Zeit. Das Geld wurde an meine Eltern geschickt und war eigentlich für den Ankauf von Büchern gedacht. Meine Eltern hatten andere Pläne: Mutter kaufte sich von dem Geld ein Jackenkleid, Vater ein paar Ferkel. Die machten wenigstens satt. Mein Wissensdurst blieb.

Das verschollene Osterei
oder: Wie wir satt wurden

Im Gegensatz zu mir war meine Mutter eine ausgezeichnete Hausfrau und eine noch bessere Köchin. Aus dem wenigen, das wir hatten, machte sie erstaunlich viel. Zum Frühstück röstete sie Weizenmehl in Butter, goss es mit Wasser auf, tat Kümmel, Kartoffeln oder Brotbrocken dazu und zu meiner Freude am Ende etwas Schmalz. Blieb Schmalz übrig, strich sie es zur Jause um neun aufs Brot. Zu Mittag machte sie oft Schmarren, jeden Montag. Ich liebte die flockig weichen, goldgelben, an den Rändern leicht verkohlten Teigstücke. Sie zergingen auf der Zunge, und wenn meine Mutter etwas Zucker darüber streute, prickelten sie am Gaumen. Dass es am Montag Schmarren gab, war so sicher wie das Amen in der Kirche. Am Montag gab es Schmarren, am Dienstag Speckknödel (wobei der Speck mehr im Namen als im Teig zu finden war), am Mittwoch Nudeln, am Donnerstag Speckknödel, am Freitag (wenn selbst der wenige Speck verboten war) Pressknödel, am Samstag Kasnocken, am Sonntag Speckknödel. Woche für Woche, jahrein, jahraus. So wusste jeder, was ihn erwartete. Die Vorfreude blieb trotzdem.

Natürlich kochte auch der Hunger mit. Satt wurden wir so gut wie nie. Nach dem Essen wartete unser Magen schon auf die nächste Mahlzeit. Zur Marende um halb vier gab es Butterbrot und Marmelade, dazu Milch und manchmal Malzkaffee. Mein Bruder Karl liebte Malzkaffee. Als ihm Onkel

Walter zu seiner Firmung einen Wunsch freistellte, wünschte sich Karl einen Kessel Malzkaffee.

Ich trank am liebsten Wasser. Kaffee mochte ich nicht, und die Lust an der Milch war mir vergangen, als ich eines Tages beobachtete, wie Resi beim Melken unruhig mit dem Schwanz umherschlug und dabei einen Batzen Mist in die Milch beförderte. Mein Vater hatte ihn mit der Hand einfach wieder herausgefischt.

Deshalb griff ich lieber zu Wasser, was meiner Mutter gar nicht gefiel. „Lass doch das Wasser!“, schalt sie mich, „gleich gibt’s Essen.“ Für sie war Wasser ein Appetitkiller. Sie selbst trank wenig davon. Mit ein Grund, dass sie an Nierenkrebs starb?

Obwohl meine Mutter eine hervorragende Köchin war, hat sie mich nie in ihre Kochkünste eingeweiht. „Geh weg vom Herd!“, rief sie, wenn sie mich davor stehen sah, als wäre ich dabei, einen Opferstock zu plündern. Meinen Schwestern erging er nicht anders. Meine Mutter wollte uns das Kochen nicht beibringen. Dabei waren gute Kochkenntnisse damals lebenswichtig. Zum einen halfen sie dabei, einen Mann zu finden, zum anderen waren sie notwendig, um vor den anderen Frauen gut dazustehen. Doch damit ließ Mutter uns allein. Nicht einmal das Brotbacken lehrte sie uns. In gewohnt geheimer Manier setzte sie zwei Mal im Jahr den Sauerteig an und rührte Roggen- und Hafermehl darunter. Mir hätte Weißbrot besser geschmeckt. Doch Weizen war rar und für die Brennsuppe am Morgen und das Mus am Abend reserviert. Und mich fragte ohnehin keiner. Vollkorn war das Brot der armen

Leute. Wobei Vollkorn damals durchaus wörtlich zu nehmen war: Meist blieb die Kleie im Mehl.

Trotzdem gab es für mich nichts Besseres, als frisches Brot zu backen und zu essen. Die Laibe waren weich und warm wie heiße Pflaumen. Ich durfte sie nach dem Backen in die Brotrahmen stecken und schnupperte dabei an jedem Einzelnen. Sie dufteten nach Anis und Kümmel und manchmal auch nach Zigeunerkraut.

Im Brotrahmen waren die Laibe vor den Mäusen geschützt, die genauso scharf auf frisches Brot waren wie ich.

Brot wurde auf Vorrat gebacken, weil die Prozedur sehr aufwändig war. Monatelang lehnten die Laibe im Brotrahmen, bis sie endlich auf den Tisch kamen. Nicht selten waren sie dann schimmelig geworden. Verschimmeltes Brot mache schlau, behauptete mein Bruder Karl. Es wirkte. Irgendwann war ich schlau genug, um vor dem Essen wenigstens den Schimmel vom Brot zu kratzen.

Außerdem wurde das Brot mit der Zeit steinhart. Nur mit der Brotgrommel kam man ihm bei. Ich musste all meine Kräfte aufwenden, um mit dem Grommelmesser durch die Laibe zu fahren und war dennoch darauf bedacht, es möglichst behutsam zu tun. Kein Brocken sollte abspritzen und zu Boden fallen. Zwar hätten sich die Hennen in unserer Küche sicher über den einen oder anderen Krümel gefreut, doch ich wollte lieber in Ruhe sterben. Mein Onkel Walter hatte mir nämlich erzählt, der Teufel würde unachtsam verstreute Brosamen in einem Sack sammeln und ihn dem Verschwender am Totenbett um die Ohren hauen.

Die letzte Mahlzeit des Tages kam um sieben Uhr auf den Tisch: Hie und da gab es Plattlan oder Tirtlan, Krapfen oder Niggilan, meistens aber Kartoffeln oder Mus, aus Weizenmehl und Wasser gemacht. Auf dem Mus schwamm eine fingerdicke Schicht Schmalz. Wer hart arbeitete, konnte nicht genug davon kriegen.

Mein Bruder Karl war ein Meister darin, uns das begehrte Schmalz abzugraben. Wir aßen alle gemeinsam aus einer großen Pfanne, die in der Mitte des Tisches stand. Jeder schöpfte mit dem Löffel seinen Teil des Schmalzmuses ab. Karl aber stieß immer wieder knapp unterhalb der Oberfläche bis in die Bereiche der anderen Mitesser vor und bohrte winzige Löcher in die Musdecke, sodass das Schmalz durch die unterirdischen Gänge in sein Einzugsgebiet rann.

Wir waren machtlos. Der Einzige, der Karl hätte Einhalt gebieten können, war mein Vater. Er tat es nicht. Sein Schmalz ließ Karl wohlweislich in Ruhe.

Wie jeder Bauer hatte mein Vater die Hoheit am Tisch. Erst wenn er aß, war es auch uns erlaubt. War er fertig, mussten auch wir aufhören. Da mein Vater ein schneller Esser war, blieb uns nicht viel Zeit, unseren Hunger zu stillen.

Manchmal, wenn der Hunger nach dem Essen noch übermächtig war, schlich ich in die Küche, nahm eine Handvoll Boxilemehl aus der Lade und verrührte es mit Milch und Zucker. Ich weiß nicht, woran meine Mutter es bemerkte, doch sie bemerkte es meistens. In der Folge fand ich mich wenig später in Pfarrer Ferdinands Beichtstuhl wieder, wo ich mir ein „Ich habe genascht" abpresste.

Ich war bei Weitem nicht die Einzige, die wegen des Hungers ihr Schuldenkonto aufstockte. Die Wilderer erlegten deshalb Gämsen und Hirsche – und manchmal sich auch gegenseitig. Aber natürlich tat ich die Buße, die Pfarrer Ferdinand mir auferlegte. Die Besserung blieb aus. Bei nächster Gelegenheit naschte ich wieder.

Besonders günstig war die Gelegenheit dann, wenn mein Vater einen Sack Zucker mit nach Hause gebracht hatte. Zucker, Salz, Nudeln und Reis waren im Großen und Ganzen alles, was wir kaufen mussten. Ansonsten waren wir Selbstversorger. Wir hatten Getreide, Kartoffeln und jede Menge Rüben, dazu Eier und Milch. Aus der Milch machte meine Mutter Butter und Topfen. Die Eier, die sie nicht zum Kochen brauchte, verkaufte sie. Das brachte ihr ein paar Lire ein und gab ihr eine Ahnung von Unabhängigkeit. Jedem einzelnen Ei jagte sie hinterher und zwängte sich, wenn nötig, nach den Hennen ins Stadelheu, um herauszuholen, was sie dort hinterlassen hatten.

Ein Ei war eine Kostbarkeit. Auch für mich. Jährlich zu meinem Geburtstag bekam ich ein Ei geschenkt. Ein Spiegelei. Manchmal musste ich bis zum Abend darum betteln, doch dann schlug mir meine Mutter das Ei in die Pfanne, und ich war der glücklichste Mensch auf Erden.

Noch glücklicher war ich nur in dem Jahr, als ich zu Ostern fünf Eier beim Guffen gewann. Ich hatte ein Wunder-Ei erwischt. Eines, das nicht zerbrach. Ich hatte es eigenhändig gekocht, mit Zwiebelschalen gefärbt und unter all den anderen

Eiern ausgewählt. Schon als ich es umschloss, fühlte es sich gut an. Es sollte mich nicht enttäuschen. Ich stieß Spitz gegen Spitz, Guff gegen Guff. Mein Ei hielt. Die Schalen der anderen knackten auf. Ich gewann alle Eier meiner Schwestern. Nur jenem von Karl musste ich mich geschlagen geben. Der Guff gab nach.

Nach meinem Siegeszug beim Guffen stellte sich mir die alles entscheidende Frage: Sollte ich alle Eier auf einmal verputzen und endlich einmal richtig satt werden oder sie doch lieber aufsparen und nach und nach verspeisen, was den Genuss verlängerte, aber die Gefahr erhöhte, dass die Eier in der Zwischenzeit schlecht wurden?

Ich entschied mich fürs Horten. Doch wohin mit den Kostbarkeiten? Sie für jeden sichtbar herumliegen zu lassen, kam nicht in Frage. Irgendwann hätte sich irgendjemand sicher daran bedient. Also machte ich mich auf die Suche nach einem guten Versteck. Ich fand gleich mehrere. Ein Ei schob ich zwischen meine Socken, ein anderes vergrub ich im Heu, das dritte klemmte ich hinter die Kuckucksuhr in der Stube, das vierte in ein Astloch unseres Apfelbaumes. Das fünfte Ei habe ich so gut versteckt, dass ich es nie wieder fand. Es ist bis heute verschollen.

Den Magen in einem Mal vollschlagen durfte ich mir am Kirchtag. Dann waren wir bei Onkel Walter zum Essen eingeladen und es gab Wienerschnitzel und Kuchen und die Erlaubnis, ungeniert zuzugreifen. Meist aß ich so viel, dass das gute Zeug postwendend wieder herauskam. Mein Magen war große Mengen einfach nicht gewöhnt.

Beleidigt stieß er auch dann auf, wenn ich wie ein Wolf über die Würste herfiel, die mein Vater vom Markt mit nach Hause gebracht hatte. Ich stand im Gaden und sah meinem Vater durch das vergitterte Fenster entgegen, auf seinen großen Rucksack starrend, in dem das Verheißungsvolle steckte. Kaum hatte er den Rucksack auf dem Küchentisch abgestellt und die Mitbringsel herausgezogen, riss ich ihm die Würste aus der Hand und schaute ungeduldig zu, wie meine Mutter sie im Wasser kochte. Manchmal gab ich eine Wurst gar nicht mehr aus der Hand, sondern steckte sie mir gleich roh in den Mund. „Lass mich die Würste doch wenigstens kochen!", rief meine Mutter dann und schlug, aus Verzweiflung vor so viel Gier, die Hände über dem Kopf zusammen.

Außer am Kirchtag, zu Ostern, Pfingsten und Weihnachten kam Fleisch bei uns selten auf den Tisch. Geschlachtet wurde überhaupt nur vor Weihnachten. Meist musste ein Schwein daran glauben. Mein Part beim Schlachten bestand darin, den Zuber, in den die tote Sau gelegt werden sollte, ein paar Tage vorher in den Wassertrog zu legen, damit das Holz quoll und sich die Fugen schlossen.

Beim Schlachten selbst war ich nicht dabei. Ich brachte es schon nicht übers Herz mitanzusehen, wie den Hennen der Kopf abgeschlagen wurde und sie, getrieben von den Reflexen, kopflos umherirrten. Zwar habe ich nie von einem Schwein gehört, das den Kopf verliert und sich dann noch auf den Beinen hält, trotzdem wollte ich nichts sehen von der Sauerei.

Erst nachdem mein Vater und mein Bruder Karl das Tier aufgeschlitzt und sein Blut in einer Schüssel aufgefangen hatten, kam ich wieder dazu. Ich half meiner Mutter, das Blut im Schnee zu kühlen und Schweißnudeln daraus zu machen. Der Begriff Schweiß kommt aus dem Jägerlatein und bedeutet Blut. Ich musste dabei immer an unseren Herrn Jesus denken. Der hat am Kreuz auch Schweiß und Blut geschwitzt.

Während wir Schweißnudeln machten, verpassten die Männer der Sau ein Peeling-Bad, indem sie heißes Wasser und Pech in den Zuber taten, das Tier und seine Haut darin aufweichen ließen und ihm dann mit einem scharfen Messer die Borsten vom Leib schabten. Anschließend hängten sie die Sau auf, nahmen sie aus und zerstückelten sie. Der Schwanz stand jenem zu, der das Tier gemästet hatte. Der Bauchbeutel wurde zu Saurer Suppe, die Fette zu Seife, die Gedärme zu Wursthüllen verarbeitet. Aus den Innereien machten wir Leberknödel. Die mochte ich nicht.

Alles von der Sau wurde verwertet. Nichts verkam. Wie auch sonst nichts einfach weggeworfen wurde.

Meine Schwester Hilde war eine Meisterin darin, aus Konservendosen Blumenvasen zu machen, aus ausgehöhlten Kürbissen Kerzenleuchter, aus verschlissenen Kleidern Teppiche. Sie recycelte, lange bevor das Wort Recycling erfunden worden war.

Die großen Fleischstücke der Sau teilten wir auf. Die eine Hälfte vergruben wir im Schnee, hoffend, dass der Fuchs sie nicht finden würde, die andere Hälfte surten wir, indem wir sie mit Pfeffer und Gewürzen bestrichen und in Salz einlegten. Salz gilt bekanntlich als der Kühlschrank des Mittelalters. Bei uns dauerte das Mittelalter bis in die Fünfzigerjahre. In seinem Salzmantel begann das Fleisch zu schwitzen und sonderte eine zähflüssige Sure ab. Zwei Wochen lang bestrich meine Mutter das Fleisch mit seinem eigenen Saft. Danach hängte sie es zum Räuchern in den Kamin der Selchküche. Das Hüftgold wurde zur Speckseite.

Unsere Selchküche befand sich im ersten Stock, neben der Oberkuchl, in der wir Mädchen schliefen, dem Oberstübele, das meinem Bruder gehörte, und dem Gästezimmer.

Lange bevor die Touristen in Südtirol einfielen wie Heuschrecken mit dicker Brieftasche, übten wir uns als Wirte. Die Familie Rossi aus Bergamo kam zur Sommerfrische zu uns, 35 Jahre lang. Wenn die Gäste kamen, wurden die Speckseiten aus der Selchküche ausquartiert und in die Speisekammer neben der Küche gehängt, damit die Signora in der Selchküche einen Herd für ihre Pasta hatte. Die Rossis hatten eine Tochter, Cinzia. Nach ihr hatte ich meine Puppe benannt.

Zu Weihnachten machte meine Mutter Schweinsrippen. Niemand konnte das besser als sie. Es duftete himmlisch. Ich würde gerne das Rezept verraten, allein, ich weiß es nicht. Meine Mutter hat es mit ins Grab genommen.

Alles, was ich weiß, ist, dass meine Mutter das Fleisch an Heiligabend mit Salz und Gewürzen einrieb und es über Nacht ziehen ließ. Tags darauf schürte sie in aller Herrgottsfrühe den Herd und ging zur Frühmesse, um sich danach ganz dem Kochen widmen zu können. Sie tat Sauerkraut in eine Pfanne und legte das Fleisch dazu, damit es im Sauerkrautsaft schmorte. Es war ein beidseitiges Geben und Nehmen. Das Kraut machte das Fleisch saftig und weich. Das Fleisch gab dem Kraut Würze und nahm ihm die Säure.

Ich stand eher auf Salat. Doch den mochte mein Vater nicht. Neumodisches Zeug, sagte er. Er aß lieber das altbewährte Kraut, weshalb in unserem Garten kaum etwas anderes wuchs. Es spross Kraut, Kraut überall. Aus dem Weißkohl machten wir Sauerkraut, aus den weißen Rüben Rübenkraut – gehobelt und zerhackt, in einem Bottich eingestampft und im kühlen, dunklen Keller gelagert. Dem Sauerkraut mischten wir Kümmel oder Wacholder bei, dem Rübenkraut zapften wir den Saft ab und füllten ihn in Flaschen, weil er harntreibend war und gut gegen Fieber. Heute weiß man, dass das viele Vitamin C darin wirkt. Früher vertraute man der Erfahrung.

Kraut war das einzige Gemüse, das das ganze Jahr über haltbar war. Entsprechend oft kam es auf den Teller. Entsprechend hing es mir zum Hals heraus. Mit Fleisch aber war selbst Sauerkraut genießbar.

Während meine Mutter an Heiligabend in der Küche stand und kochte, gingen meine Schwestern und ich in den Wald, um Moos, Steine und Wurzeln zu sammeln. Christbäume nahm man damals noch keine mit nach Hause. Die standen nur in den Bürgerstuben in der Stadt. Dort hatte man den Christbaum-Brauch anno dazumal von den altösterreichischen Eisenbahnarbeitern übernommen, als sie die Schienen durchs

Tal gelegt und damit den Weg frei gemacht hatten für den Verkehr und verrückte Ideen.

Das Moos, die Steine und die Wurzeln, die wir im Wald gesammelt hatten, drapierten wir zu Hause um die Krippenfiguren im Herrgottswinkel. Neben der Stammbesetzung mit Maria und Josef, dem Jesuskind, dem Ochs und dem Esel, den Hirten und den Schafen standen auch Tischler und Schmiede in unserer Krippe. Wenn ich beim Essen wieder einmal zu lange kicherte, drohte mir mein Bruder Karl, er würde mich zu den Figuren in die Krippe stellen, wo ich, wie sie, stocksteif dastehen müsse. Das wirkte. Ich schaute mir die Krippe lieber an, als ein Teil von ihr zu sein.

Am meisten faszinierte mich der Mohr aus dem Morgenland mit seinem rabenschwarzen Gesicht und dem wallenden Gewand. Er gehörte zu den drei Weisen aus dem Morgenland, die erst am Dreikönigstag in die Krippe einzogen. Einmal betrachtete ich ihn so ausgiebig, dass er zu Boden fiel. Seitdem fehlte ihm ein Bein. Ich hatte ihn zu einem finsteren Gesellen gemacht, der an der Stallwand lehnen musste, um nicht umzufallen.

Nachdem wir an Heiligabend die Krippe aufgestellt hatten, machten wir uns daran, das Haus auszuräuchern. Meine Mutter nahm glühende Kohlen aus dem Herd, legte sie in ein Räucherfass und streute von Pfarrer Ferdinand geweihte Kräuter und ein paar Brocken Weihrauch darauf. Dann übergab sie das Fass meinem Vater, der es feierlich schwenkend durch das Haus und sogar in den Stall trug. Wir pilgerten hinterher, ein Vaterunser und „Gegrüßt seist du Maria“ nach dem anderen betend und begleitet von der Vorstellung, der Weihrauch würde die bösen Geister aus dem Haus treiben und die Läuse auf den Blumen gleich dazu. Am Ende hielten die Männer ihren Hut über das Räucherfass. Vielleicht sollte der Rauch auch die bösen Geister aus ihren Köpfen vertreiben. Oder die Läuse darauf.

Während wir mit dem Weihrauch durch die Räume zogen, kam uns in Küchennähe der Duft von Mutters Abendessen entgegen. Mehr als sonst lief uns das Wasser im Mund zusammen. Wir dachten an die Schweinsrippen am nächsten Tag und daran, dass wir mittags bei den Stocktirtlan Abbruch geleistet hatten, wie Pfarrer Ferdinand es verlangte. An Jesu Geburt musste unser Magen knurren. Die Frage, wann man satt war, ließ sich nicht ohne weiteres beantworten. Jeder Bissen wurde auf die Waagschale des Gewissens gelegt.

Pünktlich zur Bescherung war das Fasten vorbei. Meine Mutter tischte Gerstelsuppe auf, in der nach der Alles-wird-verwertet-Manier Stücke der harten, ledrigen Speckschwarte schwammen. Dazu gab es Niggilan, Tirtlan und Mohnmus. Meine Mutter geizte mit ihren Rezepten, nicht jedoch mit dem, was sie zu geben hatte. Sie verschenkte für ihr Leben gern. Sie war eine gute Haut. Zu gut für eine Welt, in der es kaum etwas zu verschenken gab. Das meiste bekam Pfarrer Ferdinand. Nicht nur Tirtlan an Weihnachten. Auch Eier und Speck, wann immer es möglich war. Ich fungierte als Lieferant. Klammheimlich, damit mein Vater es nicht bemerkte, schleppte ich die Köstlichkeiten zu ihm in das Widum. Mein Vater hätte Pfarrer Ferdinand die guten Sachen sicherlich auch gegönnt. Doch er versorgte mit Müh und Not seine Frau und seine sieben Kinder. Da brauchte es nicht auch noch einen nimmersatten Pfarrer.

Meine Verschwiegenheit war meiner Mutter nach jedem Gang zwei Lire wert. Ich sparte so lange, bis ich zehn Lire beisammen hatte und kaufte mir davon im Dorfladen eine Semmel mit Sgombri. Manchmal gönnte ich mir sogar eine Gewürzgurke dazu, was zwei Lire mehr kostete. Nie hat mir Selbstverdientes besser geschmeckt.

Manchmal, wenn sich die Speisekammer allzu auffällig geleert hatte, sperrte mein Vater sie zu. Dann musste meine Mutter ihn um alles bitten, und sei es um eine Brise Salz. Kam Pfarrer Ferdinand persönlich zu Besuch, ließ auch mein Vater sich nicht lumpen. Es wurde aufgetischt wie im Schlaraffenland. Ich saß daneben und schaute Pfarrer Ferdinand beim Essen zu. Bei jedem Bissen hoffte ich, es möge sein letzter sein. Denn was Pfarrer Ferdinand übrig ließ, durfte ich essen. Ich glaube, Pfarrer Ferdinand wusste das nicht. Ich glaube, er aß aus Höflichkeit alles auf. Dafür speiste er uns mit göttlicher Weisheit. Doch das ist eine andere Geschichte.

Allmächtiger!
oder: Wie die Kirche unser Leben bestimmte

Der Mensch, wusste Pfarrer Ferdinand, lebt nicht vom Brot allein. Er braucht auch geistige Nahrung. Diese Nahrung gab er uns. Wie Süchtige nach der Nadel suchten wir den Weg in die Kirche, meist schon in der Früh um halb sechs, um für den Rest des Tages erfüllt zu sein von seinen Worten. Mit zwölf Jahren durfte ich sogar selbst in der Kirche das Wort erheben. Man trug mir auf, die Lesung zu lesen. Die Aufgabe gefiel mir. Allerdings lief sie meinem Schlafbedürfnis zuwider. Ich kam nur schwer aus den Federn. Manchmal sprang ich erst zehn Minuten vor halb sechs aus dem Bett, wenn meine Mutter zum dritten Mal mit dem Besen von der Küche herauf an meinen Zimmerboden klopfte. Gott sei Dank war ich schnell im Laufen und die Kirche nur einen Steinwurf entfernt.

Heute, heißt es, gehen der Kirche die Pfarrer aus. Ich glaube, es sind die Gläubigen. Die Schafe sind flügge geworden. Ziegen, sozusagen. Sie gehen ihren eigenen Weg, nicht den, den der Hirte ihnen vorgibt. Damals war es in Südtirol noch anders. Hirtenpfarrer Ferdinand hatte uns gut im Griff. Bei jeder Gelegenheit liefen wir zu ihm, um ihm die Hand zu schütteln. Wir holten uns dankbar die tägliche Ration Seelenheil. Zu Weihnachten nahmen wir sogar an seinem Gebetsmarathon teil: dem Vierzigstündigen Gebet.

Wie jedem Marathon ging auch diesem eine Aufwärmphase voraus. Sie begann an Heiligabend mit der Rorate um sechs Uhr früh und der Christmette um Mitternacht. Vor der Christmette gab es jedes Mal Streit zwischen mir und meinem Bruder Karl. Wir stritten über die Frage, ob wir vor dem Gottesdienst noch etwas essen durften oder nicht. Ich war dafür, Karl war dagegen. Der Grund für den Streit war die Heilige Kommunion. Um sie zu empfangen, musste man nicht nur ehrbar gekleidet, sondern auch nüchtern sein. Nüchtern ab Mitternacht. Ich glaube, Hochzeiten und Beerdigungen fanden nicht zuletzt deshalb am Vormittag statt, damit die Mägen in der Kirche nicht allzu laut knurrten.

Karl nahm es sehr genau mit dem Nüchternsein. Als er zum ersten Mal die Heilige Kommunion empfing, getraute er sich nicht einmal mehr, seine Spucke zu schlucken. Schließlich waren auch Flüssigkeiten tabu. Ich weiß nicht, wie er es mit so viel Spucke im Mund aushalten konnte. Ich will es mir nicht einmal vorstellen.

An Heiligabend machte uns Karl jeden Bissen von Mutters köstlichem Mahl madig, weil er Sorge hatte, unsere Mägen könnten zu voll sein für die Kommunion nach Mitternacht. Zum Glück war nicht nur ich, sondern auch mein Vater der Meinung, das Essen vor dem Glockenschlag zähle nicht. Also langten wir kräftig zu und streckten Pfarrer Ferdinand wenig später trotzdem mit gutem Gewissen die Zunge heraus.

Nach der Christmette blieb nicht viel Zeit zum Schlafen. Um fünf Uhr mussten wir wieder in der Kirche sein. Dann wurde das Allerheiligste ausgesetzt. Der Leib Christi. Nüchtern betrachtet ein ungesäuertes Weizenplättchen, verpackt in einer vergoldeten Monstranz. Mit der Aussetzung des Allerheiligsten begann das Vierzigstündige Gebet.

Das Vierzigstündige Gebet dauerte tatsächlich 40 Stunden und ging vom Christtag über den Stephanstag und den Johannistag bis zum Tag der Unschuldigen Kinder. Auf die Frühmesse folgte das feierliche Hochamt um acht, das auch Sitzamt hieß, weil das Credo und das Gloria derart lange dauerten, dass Pfarrer Ferdinand sich setzen musste. Nach dem Sitzamt kamen Anbetungsstunden bis um zwei, dazwischen war Kinderstunde um zwölf, danach eine Vesper oder eine längere Andacht, alles in allem zehn Stunden Gebet und alles mal vier.

Einen oder zwei Tage hätten wir sicherlich durchgehalten. Doch in voller Länge war der Gebetsmarathon beim besten Willen nicht zu schaffen. Da ging selbst dem reuigsten Sünder das schlechte Gewissen aus. Der Geist war willig, das Fleisch war schwach. Und die Kirchenbänke waren verdammt ungemütlich. Sie waren zu schmal. Beim Sitzen bohrten sich die Knie in den Bauch. Wenn man knien musste, blieb einem nichts anderes übrig, als sich an der Kniebank festzukrallen, um die Balance zu halten. Die meiste Zeit hingen wir halb sitzend, halb kniend zwischen den Bänken – wie gefangen zwischen Himmel und Hölle. Die Kinder waren die Einzigen, denen die Bänke passten.

Weil Pfarrer Ferdinand wusste, dass seine Schafe irgendwann schwächeln würden, sorgte er vor. Er bestimmte, welche Familie während des Vierzigstündigen Gebets wann in der Kirche zu erscheinen hatte. Auf diese Weise klafften nie allzu große Lücken in den unbequemen Kirchenbänken. Zur Sicherheit ließ Pfarrer Ferdinand auch noch die Knechte und Dirnen, die im Altersheim auf Kosten der Gemeinde ihren Lebensabend fristeten, in Turnussen ins Gotteshaus karren. Auf welchem Stuhl sie vor sich hinsiechten, war ihnen egal. Wichtig war nur, dass sie sittsam getrennt saßen. In der Kirche hatten die Frauen auf der linken Seite ihren Platz, die Männer auf der rechten. Nur ganz vorne saßen, neben den Kindern, auch ein paar alte Weiber. Sie konnten den Männern nicht mehr gefährlich werden und hatten sich im Laufe des Lebens an den rechten Platz gebetet. Die Männer saßen ohnehin nicht gerne so weit vorn. Sie füllten die Kirchenbänke lieber von hinten auf und rotteten sich besonders gern auf der Empore zusammen, wo der Blick des Pfarrers sie nicht erreichte und die Orgel stand, die der buckelige Hermann mit dem Blasebalg antrieb. Dabei war Hermann der Einzige, dem der ohrenbetäubende Lärm nichts anhaben konnte, weil er taubstumm war.

Für mich gab es in der Kirche nur einen besten Platz – unsere Bank. Ich war mächtig stolz darauf, dass unsere Familie in der dritten Reihe eigens für sie reservierte Plätze hatte, drei auf der linken, zwei auf der rechten Seite. Es war wie mit Dauerkarten in der Oper: Wenn wir nicht alle Plätze besetzten, durften andere Leute sie nutzen. Ansonsten aber mussten sie uns den Vorrang lassen.

Mit dem nötigen Kleingeld konnte sich jeder eine eigene Kirchenbank mieten – samt Messingschild und Namen darauf. Wir sparten uns die Pacht vom Mund ab und taten es gern. Wenigstens vor dem Herrn waren wir nicht ärmer als die anderen.

Waren die Kirchenbänke voll, war Pfarrer Ferdinand zufrieden – und unser Seelenheil ein Stück weit gesichert. Schließlich war Pfarrer Ferdinand, so machte es uns die Kirche weis, der Vertreter Gottes auf Erden und hatte in dieser Angelegenheit sicher ein Wörtchen mitzureden. Ein glücklicher Pfarrer erhöhte die Chance, irgendwann sogar zur Rechten des Vaters zu sitzen. Selbst als Frau.

Mit Frauen stand die Kirche nicht besonders gut. Warum hatte Eva auch unbedingt diesen Apfel essen müssen? Hätte sie nicht eine Birne nehmen können? Oder irgendeine andere Frucht aus dem Paradies? Und wer hört schon auf das, was eine Schlange sagt? Ich habe Schlangen zeitlebens nur zischen hören.

Jedenfalls hatte Eva mit ihrer Vorliebe für Äpfel ganz schön was angerichtet: Sie hatte sich und Adam aus dem Paradies vertrieben und die Erbsünde über die Menschheit gebracht. Mit der Taufe wurde man die Erbsünde zwar los, ihre Folgen aber trug man ein Leben lang. Der Mensch neige zum Bösen und leide am Dasein, erklärte Pfarrer Ferdinand. Da konnte man noch so fleißig in die Kirche gehen, noch so fleißig beten, noch so fleißig fasten, noch so fleißig beichten.

Das Leiden holte einen sogar ein, wenn man – wie es bei der Gottesmutter Maria der Fall gewesen sein soll – unbefleckt empfangen worden war. Sie hatte als einziger Mensch auf Erden keine Erbsünde geerbt. Eine tolle Sache, möchte man meinen. Theoretisch hätte die Gottesmutter glücklich sein müssen, folgerte ich. Doch schnell wurde mir klar, dass ihr Leben praktisch auch nicht einfacher verlaufen war als das meine. Gleich sieben Schmerzen hatte sie ertragen müssen: Kurz nach Jesu Geburt hatte ihr der greise Simon geweissagt, ein Schwert würde durch ihre Seele dringen. Keine gute Nachricht für eine Frau im Wochenbett. Dann war ihr nichts anderes übrig geblieben, als vor dem Kindsmörder-König Herodes nach Ägypten zu fliehen. Mit zwölf Jahren war ihr Jesus, offensichtlich frühpubertierend, im Tempel von Jerusalem einfach ausgebüxt. Mit 33 hatte er das Kreuz getragen, auf das man ihn nagelte. Danach hatte man ihr seinen Leichnam in den Schoß und den toten Körper anschließend ins Grab gelegt. Ich kam zum Schluss, dass ich nicht mit der Gottesmutter hätte tauschen wollen, Erbsünde hin oder her.

Im Leben schien es einfach keine Glücksgarantie zu geben, mochte man unbefleckt empfangen oder, wie meine Tante Clara, ein Engel auf Erden sein. Selbst kinderlos, heiratete sie den verwitweten Bergbauern vom Fronl-Hof mit seinen sieben Kindern. Obwohl er bei der Hochzeit schon Tuberkulose hatte. Sie pflegte ihn, bis er starb und beklagte sich nicht ein einziges Mal. Selbst diese Frau, diese Heilige, musste die Folgen von Apfel-Evas Fluch ertragen. Mit dem rechten Glauben allein war nichts zu machen. Nicht bei uns Katholiken. Luthers Echo hatte es nicht über die Alpen geschafft.

Unser Dasein war ein einziges Bangen und Hoffen, ein gramvoller Blick in die Vergangenheit und ein ängstliches Warten auf die Zukunft. Mein Onkel Walter meinte zwar immer, dass es nichts nütze, sich vorher zu sorgen und hinterher zu grämen, die Kirche aber sah das anders. Alles durfte man, nur nicht gegenwärtig glücklich sein.

Damit auch niemand zu leiden vergaß, wurden uns Gram und Schmerz in der Kirche täglich vor Augen geführt. Man musste nur die grausamen Bilder anschauen, die die Wände schmückten oder die leidenden Statuen betrachten, die reihenweise aufgestellt waren. Wenn ich nicht gerade die Lesung las oder kicherte, schaute ich während der Messe meistens auf die Büsten der 14 Nothelfer, die an der linken Kirchenwand hingen. Frankenstein hätte kein besseres Gruselkabinett zustande gebracht. Die Figuren waren geköpft, gerädert, blutüberströmt, gepeinigt, geschunden. Es war schwer vorstellbar, dass sie uns in diesem Zustand noch helfen konnten. Doch im Zweifel glaubte ich daran und bat den Heiligen Georg um Schutz für unsere Haustiere (zugegeben nicht ganz uneigennützig in meiner Funktion als Hirte), den Heiligen Christophorus um Schutz auf Reisen (ich musste ihn nur bei meiner Fahrt in die Stadt bemühen) und die Heilige Katharina um meinen persönlichen Schutz (sie war die Nothelferin der Mädchen und damit zwangsläufig auch für mich zuständig).

Die Figur, die ich am meisten bedauerte, hing vorne am Kreuz: Jesus, der Heiland, der Messias. Nichts anderes als eine verkrüppelte Gestalt. Und wer war schuld daran? Der Mensch natürlich. Mea culpa. Wir hatten ihn gekreuzigt. Also: Unglücklichsein! Die Formel war leicht zu merken.

Dabei war Jesus längst von den Toten auferstanden. Er hatte das Menschsein überwunden. Er war zu Christus geworden. Doch man ließ ihn lieber am Kreuz hängen. 2000 Jahre lang. Sicher ist sicher. Nur um Christi Himmelfahrt durfte er in den Himmel auffahren. Vor unser aller Augen und auf ein Zeichen von Pfarrer Ferdinand hin. Dann zog der Messner an einem Seil und schon schwebte Jesus, oder besser gesagt eine Pappfigur, die ihn verkörperte, himmelwärts, soweit es die Kirchendecke eben zuließ.

Auf demselben Weg kam um Pfingsten der Heilige Geist in Form einer Taube auf uns herab, was mich allerdings weniger beeindruckte als der auffahrende Jesus.

Alles in der Kirche lief automatisch ab. Wir saßen, standen auf, knieten nieder, bekreuzigten uns und beteten. Jeder wusste genau, was wann zu tun war und das, obwohl wir lange Zeit nicht einmal verstehen konnten, was Pfarrer Ferdinand uns sagte. Bis in die Sechzigerjahre hinein hielt er die Messe auf Latein und Latein konnte nur er. Zwar leierten auch die Ministranten den einen oder anderen lateinischen Satz herunter, hatten jedoch keinen blassen Schimmer davon, was sie Pfarrer Ferdinand antworteten: „Ad deum qui laetificat juventutem meam“ auf sein „Introibo ad altare dei“ zum Beispiel. Weiß der Geier, was das hieß.

Die Messe war damals eine Ein-Mann-Show mit jeder Menge Publikum, über weite Strecken aber ohne einen einzigen Zuhörer. Während Pfarrer Ferdinand das Glaubensbekenntnis und das Vaterunser auf Latein heruntersang, beteten die Kirchgänger den Rosenkranz, hingen ihren Gedanken nach oder nickten ein. Nur beim Evangelium und bei der Predigt horchten sie auf, denn die waren auf Deutsch.

Doch wer meint, die Leute hätten nur darauf gewartet, endlich etwas zu verstehen, der irrt. Als im Zweiten Vatikanischen Konzil beschlossen wurde, im Gotteshaus nicht mehr nur auf Latein, sondern endlich auch in der Sprache des Volkes zu beten, war meine Mutter regelrecht beleidigt. Niemand, nicht einmal Pfarrer Ferdinand und seine Kirche, sollte das Geheimnis des Glaubens lüften.

Was ich nicht verstand, war die Sache mit Obi. Obi wurde jedes Jahr zu Weihnachten besungen, in der zweiten Strophe von „Stille Nacht, heilige Nacht".

„... Gottes Sohn, Obi lacht", schmetterte ich lauthals und mit vollem Magen, mich jedes Mal fragend, wer zum Teufel Obi sei. Gott hatte doch nur einen Sohn – Jesus. Oder? Die Familienverhältnisse im Himmel waren vertrackt: eine Mutter ohne Erbsünde und doch mit jeder Menge Schwierigkeiten; ein dem Heiligen Josef untergeschobenes Kuckuckskind; ein Vater, der Sohn und Heiliger Geist zugleich war. Dazu noch Obi. Erst als ich lesen konnte und sich „obi" als „oh wie" entpuppte, wurde mir die Sache klar.

Alles andere, das wir wissen mussten, erklärte uns Pfarrer Ferdinand in der Predigt. Die war auf Deutsch. Für die Predigt stieg Pfarrer Ferdinand auf die Kanzel, wo der Blick perfekt und die Akustik ausgezeichnet waren. Er interpretierte das Evangelium, las aus der Volksbibel und redete uns ins Gewissen. Am meisten beeindruckten mich seine Bußpredigten zu Weihnachten und in der Fastenzeit, in denen es um das Fegefeuer und um die Hölle ging. Die Qualen, die Pfarrer

Ferdinand beschrieb, wünschte ich nicht einmal Oma Jule, wenn sie mich wieder einmal verpetzt hatte.

Beim Vierzigstündigen Gebet, das an sich schon qualvoll genug war, holte sich Pfarrer Ferdinand für die Bußpredigt sogar Verstärkung: einen Jesuiten, auf den meine Mutter eine Menge gab. Nur meine Tante Trude blieb unbeeindruckt. Sie war überzeugt davon, ins Fegefeuer zu kommen – und fürchtete es nicht.

Das Fegefeuer war eine Art Bewährungsprobe für Sünder. Im Fegefeuer war man nicht auf ewig verdammt wie in der Hölle. Die Strafe dort war zeitlich begrenzt. Nach ihrer Läuterung durfte die Seele sogar auf eine Entlassung Richtung Himmel hoffen. Gottes Liebe war zum Greifen nah. Ein Spaß war das Fegefeuer trotzdem nicht. Deshalb wurde meine Mutter fuchsteufelswild, wenn Tante Trude sagte, sie sei zufrieden, wenn ihr die Hölle erspart bliebe. Meine Mutter hatte viel zu viel Angst vor dem Fegefeuer. Der Himmel war ihr Ziel.

Tante Trude war Realistin. Der Himmel kam für sie nicht in Frage. Dafür hatte sie zu wenig gelitten. Mehr noch: Sie hatte ihr Leben sogar genossen. Wenigstens Augenblicke davon. Sie hatte in einem Gasthaus gearbeitet, in dem hohe Herren verkehrten. Einer von ihnen hatte es ihr angetan. Und sie es ihm. Dumm nur, dass der gute Mann schon verheiratet war. Trotzdem hatte Tante Trude zwei Kinder von ihm bekommen. Eines davon hatte die Mistgabel, über die Tante Trude gestolpert war, aus ihrem Bauch gestochen. Das andere war mein ziegenhütender Cousin Harald.

Ob Tante Trude am Ende wirklich im Fegefeuer gelandet ist, weiß ich nicht. Allein schon für Harald hätte sie den Himmel verdient. Laut Pfarrer Ferdinand gab es für sie allerdings keine Hoffnung auf Erlösung. Denn wer aus dem Fegefeuer erlöst werden wollte, musste Reue zeigen. Und das tat Tante Trude nicht. Nicht einmal zur Beichte sei sie nach ihren Verfehlungen gegangen, hatte sie meiner geradezu verzweifelten Mutter gestanden. „Warum auch?", hatte sie gesagt. „Mir hat's doch gefallen – und dem Manne auch."

Gegen Tante Trude war sogar Pfarrer Ferdinand machtlos. Nicht einmal bei der Frauenpredigt gelang es ihm, ihr die Schamesröte ins Gesicht zu treiben, während meine Mutter mit eingezogenem Kopf und hängenden Schultern in unserer Kirchenbank saß und zuhörte, wie eine Frau zu sein hatte. Gut, fleißig, willig. „Und seid ihr nicht willig, so seid ihr des Teufels!"

Der Teufel war Pfarrer Ferdinands bester Freund und Helfer. Bei jeder Gelegenheit zitierte er ihn. Er war wie ein Hirtenhund, der die Schafe in Schach hält. Pfarrer Ferdinands Teufel hatte Hörner, eine furchterregende Fratze und klauenartige Füße. So einem wollte niemand in die Hände fallen. Dann doch lieber dem Ehemann.

Auch die Frauenpredigt fand während des Vierzigstündigen Gebets statt – und wurde nur für die verheirateten Frauen gehalten. Für die Jungfrauen, die Jünglinge und die Männer hatte Pfarrer Ferdinand eine eigene Predigt parat.

Mich hätte es brennend interessiert, was Pfarrer Ferdinand den Männern in der Männerpredigt sagte, doch weder mein

Vater noch mein Bruder Karl haben je davon gesprochen. Vielleicht hat Pfarrer Ferdinand die männlichen Laster angeprangert: das Rauchen, das Huren. Er wird ihre Christenpflichten eingefordert haben: sich um den Nächsten zu kümmern und um die Kinder. Garantiert hat er ihnen den nötigen Ernst eingebläut – den Ernst, den ein Mann zu haben hatte. Ich weiß nicht, ob Ernst das richtige Wort ist. Gefühlskälte oder Mangel an Mitgefühl treffen es vielleicht besser. Seinen Mann zu stehen bedeutete damals, sich nichts anmerken zu lassen, unter keinen Umständen und in keiner Situation. Schon gar nicht vor den Frauen.

Was Pfarrer Ferdinand wohl in Bezug auf die Ehefrauen riet? Das Verhältnis der Pfarrer zu den Frauen war seit Apfel-Evas Zeiten zwiespältig und mit dem Zölibat praktisch unüberbrückbar geworden.

Der Zölibat hatte die Pfarrer in eine missliche Lage gebracht. Sie mussten den Frauen entsagen. Welcher Mann tut das schon gern? Zwar hatte jeder Pfarrer eine Widenhäuserin, die für ihn kochte und putzte und ihm die Wäsche machte, nur das eine durfte sie nicht. Zumindest nicht offiziell.

Die Versuchung ständig vor Augen, waren die Pfarrer in arger Not. Sie wurden zum Opfer ihrer eigenen Order. Viele Pfarrer wurden zur Eva: Sie konnten die Finger nicht vom Verbotenen lassen. Als unserem Pfarrer Ferdinand auf der Alm eine Sennerin gefiel, trieb es ihn jeden gottverdammten Tag hinauf. Die Sennerin wiederum wollte nichts von Ferdinand, weil er ein Pfarrer war. So wurden die Frau zum Feindbild und der Sex zur schmutzigen Sache. Zwar forderte Pfarrer Ferdinand die ehelichen Pflichten ein, doch kaum waren sie erfüllt, da war's plötzlich Sünde und die Frau war unrein. So unrein, dass sie nicht mehr zur Heiligen Kommunion gehen durfte, so lange, bis Pfarrer Ferdinand sie ausgesegnet hatte. Dafür musste sie vor der Messe in die Sakristei gehen und gesenkten Hauptes den reinigenden Segen entgegennehmen. Heute weiß ich, dass die Zeit zwischen der Niederkunft und der Aussegnung der Frau auch ihrer Erholung dienen sollte. Sprich: Der Ehemann sollte die Finger von ihr lassen. Pause von den ehelichen Pflichten. Nicht einmal Pfarrer Ferdinand durfte sie in dieser Zeit einfordern. Ein guter Gedanke. Doch ihn zu erwähnen, hat Pfarrer Ferdinand wohl vergessen.

Die Sache mit dem Sex oder: Wie ich aufgeklärt wurde

Als ich anfing, mich für Sex zu interessieren, war ich elf Jahre alt und dachte, ich müsste sterben. Ich hatte Mumps und hohes Fieber und eine derart geschwollene rechte Gesichtshälfte, dass das Ohrläppchen abstand. Als wäre das nicht genug gewesen, zwang mich mein Magen allenthalben hinaus in die Kälte zum Plumpsklo. Meine Füße fühlten sich wie Eisklötze an. So kalt waren sie nicht einmal dann, wenn ich im Spätherbst bei Schlechtwetter bei meinen Kühen auf der Weide saß und darauf wartete, bis eine von ihnen schiss, um meine Füße in den dampfenden Haufen stecken zu können.

Gott sei Dank hatte mir meine Mutter einen heißen Ziegelstein ins Bett gelegt, an den ich meine Füße pressen konnte, wenn ich vom Plumpsklos zurück ins Bett kam. Während mir langsam wärmer wurde, betrachtete ich die Eisblumen auf den Fensterscheiben. Manchmal wagte ich es sogar, den Arm aus dem Bett zu strecken und Wellenlinien in die Reifschicht zu zeichnen, die sich an der Zimmerwand emporzog. In der Ecke stand zwar ein Ofen, doch angemacht wurde er nie. Das hätte Holz gebraucht. Und Holz war kostbar. Zumindest kostbarer als klamme Finger und kalte Füße. Abends zitterte ich mich nicht selten in den Schlaf.

Eines Morgens war es eigenartig warm in meinem Bett. Ich schlug die Bettdecke auf und sah das Blut. Es klebte an meinen Beinen und bedeckte das Laken. Ich sprang auf. Der

Sprung brachte mein Blut erst recht in Wallung. Als warmes Rinnsal rann es an meinen Beinen hinab. Ich raffte mein Nachthemd hoch und tat, was eigentlich verboten war: Ich schaute auf meine Scham. Pfarrer Ferdinand hätte die Hände über dem Kopf zusammengeschlagen und an meiner Statt drei Schuldbekenntnisse heruntergerasselt. Wie oft hatte er uns eingebläut, dass wir das nicht durften. Er hatte von Scham im doppelten Sinn gesprochen und unseren Körper zum Minenfeld gemacht. Nicht anschauen! Berühren verboten!

Natürlich hatte mich das Verbot neugierig gemacht. Durch Pfarrer Ferdinand war die Scham erst richtig interessant geworden. Trotzdem hatte ich es nie gewagt, seine Anweisungen zu missachten. Selbst wenn ich mich in der hintersten Ecke des Heustadels verkrochen oder im Wald einen Blick gewagt hätte, Gott hätte mich gesehen.

Jetzt aber kam ich nicht umhin, der Blutspur mit meinem Blick zu folgen. Sie kam zwischen meinen Beinen hervor. Blut ist kein gutes Zeichen, wenn es aus einer Körperöffnung kommt. Meine anatomischen Kenntnisse waren gering, aber groß genug, um mir Angst zu machen. Todesangst.

Wenn man dem Tod ins Auge schaut, hat man zwei Möglichkeiten: Entweder man ergibt sich kampflos oder man rennt um sein Leben. Ich rannte, die steile Holztreppe hinunter in die Küche, die Oberschenkel aneinandergepresst, damit möglichst wenig Blut auf die Stufen tropfte. Später würde ich es wegwischen müssen, sofern ich nicht vorher starb.

Mit zusammengepressten Oberschenkeln stolperte ich in die Küche, wo meine Mutter Holzscheite in den Herd schob.

Als ich ihr erklärte, dass der Mumps mich zwischen den Beinen bluten ließ, winkte sie zu meiner Überraschung ab. Nein, erklärte sie mir verlegen, das käme nicht vom Mumps, das sei die Monatsblutung, die hätten alle Frauen ab einem gewissen Alter und jetzt auch ich.

„Alle Frauen?", vergewisserte ich mich.

„Alle", nickte sie.

„Auch Herta?"

Meine Mutter nickte erneut, drückte mir ein paar Stoffstreifen in die Hand und ich verdrückte mich hinauf in mein Zimmer. Jetzt hatte ich den Mumps und die Monatsblutung, aber wenigstens hatte ich etwas zum Unterlegen. Sterben würde ich nicht, so viel hatte ich verstanden. Sonst wären meine Schwestern längst schon tot.

Dass ich von deren Monatsblutung noch nie etwas mitgekriegt hatte, irritierte mich. Wir hatten keine Geheimnisse voreinander. Zumindest hatte ich das bis jetzt gedacht. Doch dieses Thema schien tabu. Dennoch beschloss ich, Herta danach zu fragen. Herta hatte mich von Onkel Walters Hof heimgeholt, sie würde mir auch in dieser Angelegenheit weiterhelfen.

Herta bestätigte mir ihre Monatsblutung und fügte ungefragt hinzu, die Sache hätte mit dem Kinderkriegen zu tun.

Ich muss gestehen, das Thema Kinderkriegen hat mich bis dahin nicht sonderlich interessiert. Ich war die Jüngste in der Familie und hatte keine Babys nach mir erlebt. Alles, was ich wusste, war, dass schwangere Frauen kugelrund und, wie es hieß, in guter Hoffnung waren.

„Wie kriegt man Kinder?“, fragte ich.

„Die bringt der Storch“, antwortete Herta.

„Der Storch?“

Herta nickte. Sie straffte sich, blähte die Brust auf und rasselte in einem Atemzug herunter: „Der Storch bringt die Kinder aus den Seen und Teichen, in denen er umherwatet. Die Seelen der Kinder leben im Wasser. Dort gabelt der Storch sie mit seinem großen Schnabel auf und bringt sie ins Haus. Im Haus übergibt er das Kind der Mutter und beißt ihr ins Bein, sodass sie nicht mehr laufen kann und ein paar Tage lang im Bett liegen muss.“

Weiß Gott, woher Herta diese Erklärung hatte. Auf jeden Fall hatte sie sich jedes Wort gemerkt.

Ich blieb stumm. Ich spürte, dass mit der Antwort etwas nicht stimmte. Ich brauchte die halbe Nacht, um mir darüber klar zu werden. Dann hatte ich Hertas These widerlegt. Störche machten nur im Frühjahr und im Herbst bei uns Halt, Kinder kamen auch im Sommer und im Winter zur Welt. Außerdem waren im Winter die Seen und Teiche zugefroren. In ihnen war es noch kälter als in meinem Schlafzimmer. Kein kinderfreundlicher Ort. Die Sache war einfach nicht schlüssig. Herta noch einmal zu fragen, hielt ich für sinnlos. Sie schien überzeugt zu sein von dem, was sie sagte, und nichts anderes zu wissen.

Also wandte ich mich an meine Freundin Annelies. Sie war genauso ratlos wie ich, doch sie versprach, am Abend ihre Mutter zu fragen. Mutige Annelies. Meiner Mutter war schon beim Wort Monatsblutung die Schamesröte ins Gesicht geschossen. Nie und nimmer hätte ich es gewagt, sie noch einmal darauf anzusprechen.

Es wurde eine lange Nacht, während aus mir das Blut auf die Stoffbinde tropfte. Am nächsten Morgen ging ich wieder zur Schule. Zehn Minuten früher als sonst stand ich am Gartenzaun und wartete auf Annelies. Ich zitterte vor Kälte und vor Aufregung. Endlich sah ich meine Freundin daherstürmen, mit offener Jacke und wehenden Zöpfen und strahlendem Gesicht. Sie wusste etwas.

„Und?", fragte ich.

Wortlos zog sie mich fort. Richtig. Wir konnten am Gartenzaun schlecht übers Kinderkriegen reden. Wir rannten den Weg hinab zur Schule. Er führte durch die Felder und an einer Reihe Apfelbäume vorbei. Als wir außer Hörweite waren, blieb Annelies stehen. Sie japste und deutete auf die Bäume. Ich verstand nicht und musste warten, bis sie endlich ein Wort herausbrachte.

„Apfelkerne!"

Ich betrachtete die Apfelbäume, die zu dieser Jahreszeit keinen einzigen Apfel trugen, und sah dann wieder zu Annelies.

„Man muss Apfelkerne essen, um Kinder zu kriegen, sagt meine Mutter", erklärte Annelies.

Da war es wieder, dieses dumpfe Gefühl. Erkenntnis fühlt sich anders an. Doch ich kam nicht dazu, länger darüber nachzudenken. Zwei Buben kamen vorbei. Vor ihnen wollten wir auch nicht übers Kinderkriegen reden.

In der Schule dachte ich über die Apfelkern-Antwort nach. Sie erwies sich als genauso unbrauchbar wie die Geschichte mit dem Storch. Ich hatte schon viele Apfelkerne gegessen und war noch nie schwanger gewesen. Gut möglich, dass die Kerne erst jetzt wirkten, da ich die Monatsblutung hatte. Doch wenn dem so wäre, warum war Herta dann nicht schwanger? Oder Hilde? Oder eine meiner anderen Schwestern? Sie aßen dauernd Apfelkerne, sogar mit Monatsblutung. Das ganze Jahr über lagen Äpfel in unserem Keller und jeden einzelnen aßen wir mit Putz und Stängel auf.

In den nächsten Wochen erhielt ich eine unbefriedigende Antwort nach der anderen. Meine Cousine Sabine wusste, Kinder könne man auf dem Markt kaufen. Die dumme Berta erklärte, Kinder wüchsen in Krautköpfen. Nichts leuchtete mir ein.

Die erste ernstzunehmende Erklärung hörte ich Anfang Juni beim Bruggenwirt. Während ich mich zwischen den Tischen hindurchzwängte, sagte der angesoffene Huber-Bauer, im Heu sei schon so manches Balg entstanden. Die Männer um ihn herum grunzten zustimmend. Auch mir leuchtete die Vorstellung ein: Die Kinder kamen aus dem Heu. Wie bei Muinzi.

Muinzi war unsere Katze und hatte ihre Jungen vor ein paar Wochen aus dem Heu geholt. Ich hatte es selbst gesehen. Muinzi war über den Solder spaziert, der vom ersten Stock direkt in den Stadel führte, war ein paar Augenblicke im Heu verschwunden und dann mit einem winzigen Fellbüschel im Maul wieder herausgekommen. Sie hatte es in den Stall verfrachtet und war dann wieder zurück in den Stadel gelaufen, um das nächste Kätzchen zu holen.

Wenn die Katze ihren Nachwuchs aus dem Heu holte, warum nicht auch der Mensch? Beim Huber-Bauern hatte es offensichtlich funktioniert. Er hatte elf Kinder.

Ich legte mich auf die Lauer. In jeder freien Minute saß ich im Stadel und starrte ins Heu. Anfangs saß ich direkt davor, bis mir in den Sinn kam, dass das Baby sich vielleicht nicht herauszukriechen traute, wie eine Maus, die sich nicht aus ihrem Loch wagt, wenn sie sich beobachtet fühlt. Deshalb zog ich mich zurück und lehnte fortan am großen Stützpfeiler in der Mitte des Stadels. Das Warten fiel mir schwer. Mit elf Jahren ist Geduld wie ein unzähmbares Pferd. Ich bastelte einen Heukranz und spielte mit Muinzi, die ab und an vorbeikam und mich jedes Mal irritiert umschlich. Wenn nicht gerade Heu eingebracht wurde, war sie hier oben keinen Besuch gewöhnt.

Nach vier Wochen gab ich meinen Beobachtungsposten auf. Kein Kind in Sicht. Mein Interesse am Sex drohte zu erlöschen, bevor ich ihn überhaupt verstanden hatte.

Doch dann wurde Resi schwanger. Mein Vater war außer sich vor Freude. Meine Mutter schickte ein Stoßgebet zum Himmel. Wir waren knapp bei Kasse und eine schwangere Resi bedeutete ein gutes Zubrot. Mein Vater überlegte, ob er den Nachwuchs nach der Geburt verkaufen sollte. Der Fronl-Bauer hatte Interesse bekundet. Auch ich freute mich für Resi. Sie war unsere beste Kuh.

Dass Resi trächtig war, verdankte sie dem Stier vom Huber-Bauern. Er hatte den prächtigsten Stier weit und breit: ein Tier mit breitem Kopf, wuchtigen Schultern und zwei Nüstern, aus denen der Atem an kühlen Tagen wie Dampfstrahlen schoss. Majestätisch stand der Stier auf der Weide und ab und an gesellten die Bauern des Dorfes ihre Kühe dazu.

Eines Tages witterten Annelies und ich die Chance, mehr über das Thema Kinderkriegen zu erfahren. Mein Bruder Karl hatte uns darauf gebracht. Mit breitem Grinsen hatte er uns erklärt, wir sollten schauen, wie es der Stier mit den Kühen macht. Also schauten wir ihm zu. Doch schlau wurden wir nicht aus ihm. Er führte ein seltsames Schauspiel auf: Hinterrücks wuchtete er seinen massigen Leib auf eine der Kühe. Nur seine Hinterbeine blieben am Boden. Wir fürchteten um das zarte Gerippe unter ihm, doch die Kuh hielt stand. Es folgten ein paar ruckartige Bewegungen. Dann stieg der Stier wieder ab.

Wir kamen zum Schluss, dass das nicht alles gewesen sein konnte und beschlossen, ihm beim nächsten Mal wieder zuzuschauen. Dann genauer.

Das nächste Mal war eine von Annelies' Kühen unter ihm. Bevor der Stier sie bestieg, fuhr er ein stockdickes Ding aus, das er in ihren Hinterleib steckte. Dieses Ding hatten wir beim ersten Mal nicht bemerkt. Dann dasselbe Rucken wie beim ersten Mal. Annelies und ich waren zufrieden. Wir hatten einen Einblick in den Zeugungsakt erhalten. Wir hatten eine Ahnung.

Wie die schwangeren Frauen im Dorf wurde auch unsere trächtige Resi kugelrund. Ihr Bauch glich einer aufgeblasenen Kugel. Die nächste Frage, die sich mir stellte, war, wie das Kälbchen wohl auf die Welt kommen würde.

Als sich seine Geburt ankündigte und mein Vater den Doktor Weger holte, folgte ich den beiden Männern in den Stall. Mein Vater nahm eine Kanne Kaffee mit, den er dem Kälbchen nach der Geburt einflößen wollte. So viel wusste ich. Doch was sonst noch geschah, sollte ich nicht erfahren. Mein Vater schlug mir die Stalltür vor der Nase zu.

Ich spähte durch die Ritzen im Holz und presste mein Ohr gegen die Tür. Es war aussichtslos. Resi muhte. Doktor Weger murmelte. Genaues verstand ich nicht.

Da kam mir eine Idee. Das Stallfenster! Vielleicht konnte ich durch die Scheibe einen Blick nach innen erhaschen.

Das Stallfenster war vergittert und lag hoch. Ich schob einen Schemel darunter und kletterte darauf. Ich umklammerte die Gitterstäbe und schraubte mich auf die Zehenspitzen. Mein Blick suchte den Weg in den Stall. Er blieb mir verwehrt. Mein Vater hatte ein Holzbrett in die Scheibe geklemmt, wie ein illegaler Schnapsbrenner, der im Dunkeln an seiner Anlage hantiert. Dieses Brett war Maßarbeit gegen meine Neugier.

Ich war wie vor den Kopf gestoßen. Meine Fantasie begann zu arbeiten. Doch auch sie konnte mir nicht weiterhelfen. Das Bild vom Sex und dem Kinderkriegen, das ich mir zu machen versuchte, wollte sich nicht fügen.

Erst ein paar Jahre später sollte ich die fehlenden Details erfahren. Schwester Agatha, die in der Mittelschule Geschichte und Naturkunde unterrichtete, hatte die Pflicht, uns aufzuklären. Keine leichte Aufgabe für eine Klosterfrau.

Zur Einstimmung ließ Schwester Agatha uns einen Aufsatz zum Thema Liebe schreiben: die Liebe des Herrn zu den

Menschen. Das hatte weder etwas mit Geschichte noch etwas mit Naturkunde zu tun. Ich hätte stutzig werden müssen, doch ich dachte mir nichts dabei.

Die Feder lief locker. Ich beschrieb, wie der Herr den blinden Bartimäus und den Aussätzigen geheilt hatte und wie er sich aus Liebe zu den Menschen ans Kreuz hatte schlagen lassen. Das hatte sicher höllisch wehgetan, doch immerhin hatte er dadurch, so beteten wir es in der Kreuzwegandacht, die ganze Welt erlöst. Liebe und Sünde lagen eng beieinander, das wusste ich schon lange. An diesem Tag aber sollte ich begreifen, dass Liebe nicht zwangsläufig hieß, sich ans Kreuz schlagen zu lassen, und dass man nicht die Erbsünde über die ganze Menschheit bringen musste, um sich schuldig zu machen.

Während wir über die göttliche Liebe schrieben, begann Schwester Agatha uns in die Geheimnisse der menschlichen Liebe einzuweihen. Sie rief jeden Schüler einzeln aus dem Klassenzimmer und verschwand mit ihm in der angrenzenden Kammer, in der sich ein Tisch, zwei Stühle und ein überdimensionales Kruzifix befanden. Nach etwa zehn Minuten kam Schwester Agatha mit hochrotem Kopf und der Schüler mit gesenktem Blick zurück. Manchem huschte ein schiefes Lächeln übers Gesicht, doch aus niemandem war ein Wort herauszukriegen.

Als ich Schwester Agatha in die Kammer folgte und sie die Tür verriegelte, war ich sicher, bestraft zu werden. Ich sah zwar keinen Grund dafür, aber das war noch lange kein Grund, nicht bestraft zu werden.

Doch statt Schlägen gab es eine Erklärung zum Thema Sex. Schwester Agatha drückte sich unklar aus. Nur das Wort Sünde benützte sie unmissverständlich oft. Mit Müh und Not brachte ich ihre Beschreibungen in Verbindung mit dem, was sich zwischen dem Huber-Stier und den Kühen abgespielt hatte.

Am Ende war ich ziemlich enttäuscht. Ich hatte mir mehr von so viel Geheimniskrämerei erhofft. Ich fand die Sache mit dem Sex banal. Interessanter fand ich die Liebe des Herrn zu den Menschen. Sie ist grenzenlos, schloss ich meinen Aufsatz. Mir brachte sie ein „Sehr gut" ein.

Hoffart kommt vor dem Fall oder: Wie wir unsere Schönheit pflegten

Trotz aller Ernüchterung in Sachen Sex wurden Buben eines Tages plötzlich interessant für mich. Über Nacht wurden aus den Wesen, die ich bisher nur als Menschen wahrgenommen hatte, Menschen des anderen Geschlechts. Zum ersten Mal fiel mir die Veränderung bei der Maiandacht auf. Wie jeden Abend im Mai saß ich um acht in der Kirche, schaute von den 14 Nothelfern zu Pfarrer Ferdinand und von Pfarrer Ferdinand auf die Kirchgänger. Da blieb mein Blick auf Georg haften. Georg war der Bub des Huber-Bauern. Mein Jahrgang. Bisher hatte er mich nicht sonderlich interessiert. Doch mit einem Mal machte mich seine bloße Anwesenheit nervös. Es dauerte lange, bis ich begriff: Bisher war Georg nur ein Bub gewesen, jetzt war er das Ziel meiner Begierde.

Kein Wunder, denn Georg war fesch. Er hatte blaue Augen und blonde Haare. Doch Schönheit ist nicht alles. Das wusste ich von Schwester Agatha. „Von einem schönen Teller, auf dem nichts liegt, kann man nichts essen“, hatte sie betont, als sie uns in das Geheimnis der körperlichen Liebe eingeweiht hatte. Ich will nicht behaupten, dass Georg dumm war. Das Einzige, das ich ihm vorwerfen konnte, war, dass er keine Augen für mich hatte. Nicht für mich und genauso wenig für eine andere. Für Georg waren Mädchen noch geschlechtslose Wesen. Sein Interesse galt dem Völkerball und seinen Freunden. Ich war zwei Jahre zu früh dran. Das allerdings wusste ich damals nicht.

Deshalb stürzte mich Georgs Desinteresse in tiefe Zweifel. War alles in Ordnung mit mir? War ich hübsch genug? Unsicherheit und Eitelkeit erwachten. Die Unsicherheit wuchs, während die Eitelkeit keine Chance hatte, sich zu verwirklichen. Wir hatten keine Schminke, um ihr ein Gesicht zu geben. Wir hatten keinen Puder, um unsere Makel zu vertuschen. Wir hatten kein Parfüm, um die Sinne zu betören. Auf unsere Haut kam nur Wasser. Wasser und ein raues Handtuch. Jeden Morgen wuschen wir uns am Trog vor dem Haus. Da das Wasser eiskalt war, gingen wir sparsam damit um. Es gab nur Katzenwäsche für Hände und Gesicht. Danach waren unsere Wangen natürlich rot.

Wir hatten wenige Möglichkeiten, uns aufzuhübschen. Wir waren, wie Gott uns schuf. Auch in Sachen Kleidung lebten wir den sozialistischen Gedanken der Gleichheit: Die Frauen trugen einen wadenlangen Rock, dazu eine Bluse oder einen Pullover und darüber einen Kleiderschurz. Wenn sie aus dem Haus gingen, banden sie sich ein Kopftuch um und knoteten es unter dem Kinn fest, sodass nur noch das Gesicht zu sehen war. Die Männer hatten Hemd und Hosen an, die, je nach Jahreszeit, kurz oder lang, aus Wolle oder Leder waren und mit Hosenträgern festgehalten wurden. Und: Auch sie trugen einen Schurz. Keinen Kleiderschurz wie die Frauen damals, sondern einen Küchenschurz wie die Frauen heute, mit einer Schleife um den Hals und dünnen Bändern um die Hüften. Der Schurz war blau und damit eindeutig männlich.

Die Männer trugen ihren blauen Schurz immer und überall, außer in der Kirche. Ohne Schurz waren sie kaum wiederzuerkennen. Kleider machen Leute.

Wenn es hoch herging, kamen zu Hose und Hemd ein schöner Hut, eine Weste und ein Rock aus gutem, festem Stoff. Wer eine Krawatte hatte, band sie sich an Feiertragen um. Die Frauen trugen dann die bayrische Tracht, ein Gewand mit vielen Falten, Knöpfen und Perlen, das schwarz war wie die Nacht. Meine Mutter sah wie eine Dame darin aus. Auch an ihrem Hochzeitstag hatte sie die bayrische Tracht getragen. Auf dem Foto im Schlafzimmer stand sie darin neben meinem todernst dreinschauenden Vater. Blütenweiß war nur ihre Seele gewesen. Nach der Trauung hatte sie den zur Tracht gehörenden Hut aufgesetzt und war damit für alle sichtbar unter der Haube.

Die bayrische Tracht war schwer und warm und trieb den Frauen im Sommer den Schweiß auf die Stirn. Wir Mädchen hatten mit dem Dirndl ein wesentlich frischeres Gewand.

Richtig luftig wurde die Sache, als Mini in Mode kam. Ich war eine der Ersten, die Bein zeigte. Es dauerte nicht lange, da beschwerte sich die Huber-Bäuerin bei meiner Mutter: Ich würde die jungen Burschen verführen.

Was wusste sie schon, die alte Schachtel! Nicht einmal Georg interessierte sich für mich, geschweige denn die gesamte männliche Dorfjugend. Die wildesten Fantasien, die durch das bisschen Haut geweckt wurden, waren jene der Huber-Bäuerin selbst.

Zu meinem Erstaunen sah meine Mutter das genauso. „Die Hannah tut doch nichts Schlimmes“, antwortete sie. „Sie hat die Röcke doch nur an." Damit war das Thema vom Tisch. Ich bin meiner Mutter noch heute dankbar dafür.

Wer das Lästern nicht lassen konnte, war mein Bruder Karl. Ob ich nicht genügend Geld für mehr Stoff hätte, stichelte er. Als ich zum Minirock gestrickte Kniestrümpfe trug, kriegte er sich gar nicht mehr ein. Er klang wie Pfarrer Ferdinand, wenn er in der Jungfer-Predigt gegen die Unzucht wetterte und gegen die durchsichtigen Strümpfe, die den Blick auf die nackte Haut ließen. Täglich verteilte Karl seinen Spott. Bis das Wunder geschah. Von einem Tag auf den anderen hörte Karl auf zu lästern. Dank Martha. Martha war Karls Flamme. Eines Tages tauchte auch sie im Minirock auf. Mit gehäkelten Kniestrümpfen und Glöckchen dran.

Es dauerte nicht lange, da hatte Karls Spott ein anderes Ziel ausgemacht. Er biss sich an meinem Hosenanzug fest, den ich mir hatte auf den Leib schneidern lassen. Kein bisschen Haut war zu sehen, doch auch das war Karl nicht recht.

„Willst wohl Gina Lollobrigida spielen?", meckerte Karl.

Ich wollte niemanden spielen, weder Gina noch Brigit noch Sophia, oder wie sie alle hießen, die Diven von damals. Ich wollte einfach nur Hannah sein. Doch genau das durfte ich nicht.

Mein Pioniergeist in Sachen Mode war wahrscheinlich eine Reaktion darauf, dass ich jahrelang die Kleider meiner Schwestern geerbt hatte. Dieses Los teilte ich mit allen Letztgeborenen. Unser Problem war die gute Qualität der Stoffe. Sie waren unverwüstlich. Die Kleider wurden getragen und getragen und getragen und hielten und hielten und hielten. Heute scheinen manche Nähte allein durchs Anschauen aufzugehen. Früher vergingen Jahre, bis ein Faden riss. Und wenn sich einmal ein Loch ankündigte, wurde es schleunigst gestopft.

Das einzig Neue, das ich regelmäßig erhielt, waren die Socken, Mützen und Handschuhe, die meine Mutter strickte. Die Wolle dafür stammte von Onkel Walters Schafen, die im Frühjahr und im Herbst in unserer Stube geschoren wurden. Die Viecher schienen Schlimmes zu ahnen, wenn wir sie zur Haustür führten. An der Schwelle spreizten sie die Beine zum Spagat und taten keinen Schritt mehr. So stur war nicht einmal der Esel des Gassler-Bauern.

Wie der Gassler-Bauer bei seinem Esel schoben auch wir bei den Schafen hinten und zogen vorne. Die Klauen schliffen über den Dielenboden. Manchmal brauchten wir fünf Minuten für das kurze Stück in die Stube, doch kein Schaf kam ungeschoren davon.

In der Stube warteten mein Vater und mein Onkel Walter, die Scheren in der Hand. Den Tisch hatten sie beiseite geschoben und stattdessen eine breite Bank aufgestellt. Ein Schaf nach dem anderen wurde rücklings darauf gewuchtet, sodass es aussah wie ein flachgelegter Käfer und nichts anderes mehr tun konnte, als hilflos zu zappeln. Nachdem mein Bruder Karl dem Schaf die Beine zusammengebunden hatte, machten sich mein Vater und Onkel Walter an die Arbeit. Der eine schor von vorne, der andere von hinten. Kopf und Beine sparten sie aus. Wer zuerst in der Schafsmitte angekommen war, ließ die Schere sinken und schaute dem anderen betont nachsichtig bei der Arbeit zu. Am Ende lief das nackige Schaf nach draußen, diesmal ganz von allein. War alles halb so schlimm gewesen.

Die Wolle wurde gewaschen, getrocknet und an langen Winterabenden gesponnen. Meine Mutter baute ihr Spinnrad am liebsten neben dem Ofen in der Stube auf. Das Rattern ist mir bis heute im Ohr. Stundenlang trieb ihr Fuß das Spinnrad an, stundenlang entzurrten ihre Hände die Wollknäuel zu langen Fäden. War das Spinnrad verstummt, begannen die Stricknadeln zu klappern. So entstanden Berge von Socken, Handschuhen und Mützen. Ich hätte gerne darauf verzichtet. Die Sachen kratzten fürchterlich. Ich wünschte den Schafen ihre Wolle zurück. Doch irgendwie musste auch ich mich warmhalten.

Es war nicht nur die Wolle, die kratzte. Unsere Wäsche war ein Paradies für unsichtbares Getier. Nur zwei Mal im Jahr wurde große Wäsche gemacht, einmal im Frühjahr, einmal im Herbst.

Unsere Waschküche befand sich in einer kleinen Hütte neben dem Haus. Wenn die große Wäsche anstand, musste ich den eingemauerten Kessel darin mit kaltem Wasser füllen und Säckchen voller Asche dazulegen. Asche war das Persil von damals: Es machte die Wäsche weiß. Über Nacht wurde diese im kalten Pulverwasser eingeweicht, am nächsten Tag ausgekocht. Anschließend schrubbten wir sie auf einem Brett aus gewelltem Zinkblech mit Bürste und Kernseife sauber. Das machte starke Oberarme und ganz schön müde. Mein Vater spannte derweil die Wäscheleine zwischen den Bäumen im

Garten auf, wo wir das saubere Tuch zum Trocknen in den Wind hängten.

Die große Wäsche fand zwei Mal im Jahr statt, uns selber wuschen wir drei Mal: Zu Weihnachten, zu Ostern und am Kirchtag wurde gebadet. Dazwischen gab es nur die Katzenwäsche am Morgen. Die Folgen waren allgegenwärtig. Wir stanken. Doch weil jeder stank, fiel niemand auf – außer die alten Weiber in den vorderen Kirchenbänken, die so penetrant nach Urin rochen, dass Pfarrer Ferdinand das Weihrauchfass manchmal auffällig heftig in ihre Richtung schwenkte.

Dabei waren wir weiß Gott nicht zimperlich. Wir waren Gerüche jeglicher Art gewöhnt. Nicht einmal das Furzen war verpönt. Auch vor Fremden ließ man ungeniert einen fahren. Höchstens in der Kirche bemühte man sich um Diskretion.

Den Winden freien Lauf zu lassen, ist gesund. Gestaute Blähungen machen aggressiv und eitrige Zähne, sagte meine Tante Trude. Waren unsere Zähne angeschlagen, dann gewiss nicht vom verkniffenen Furz. Eher von den harten Brocken, die ich mit der Brotgrommel schnitt, und die wir nach dem Essen andächtig kauten, um den noch reichlich vorhandenen Platz im Magen zu füllen und um unsere Zähne abzuschmirgeln. So sparten wir uns das Zähneputzen. Zahnbürste und Zahncreme hätten wir uns ohnehin nicht leisten können.

Manchmal gab einer der Zähne nach. Er zerbrach am Brocken. Dann musste der Zahnarzt her.

Unser Zahnarzt war der Doktor Weger, der der Resi geholfen hatte, ihr Kalb zu kriegen. Maul und Mund war ihm einerlei. Gegen einen angeschlagenen Zahn hatte der Doktor

Weger nur ein Mittel: Er zog ihn. Dafür hatte er eine eigene Zange und eine eigene Technik. Er riss den Zahn nicht heraus, sondern brach ihn mit einer ruckartigen Seitwärtsbewegung ab. Dabei blieb die Wurzel nicht selten im Kiefer zurück.

Gott sei Dank habe ich Doktor Wegers Künste nie in Anspruch nehmen müssen. Mir hat schon das Ziehen der Milchzähne gereicht. Immer, wenn ein Milchzahn wackelte, band mein Bruder Karl eine dünne Schnur darum und befestigte das Ende an der Türschnalle in der Stube. Dann knallte er mit sichtlichem Vergnügen die Türe zu – und meistens war der Zahn dann draußen. Alles ging gut, bis mein linker oberer Schneidezahn an die Reihe kam. Sechs Mal warf Karl die Stubentür zu, von Mal zu Mal fester. Von Mal zu Mal zuckte ich stärker zusammen. Der Zahn rührte sich nicht. Er wollte partout nicht weichen. Ich weinte.

Die Erlösung kam wieder einmal in Gestalt von Herta. Ahnungslos öffnete sie die Haustür, die Zugluft stieß die Stubentür zu, mein Zahn war draußen.

Den Dreck auf unserer Haut wurden wir ohne Probleme los, wenn wir erst einmal im Wasser lagen. Wir badeten in der Küche, im Zuber, in den wir nach dem Schlachten auch das tote Schwein legten.

Die Reihenfolge beim Baden wurde vom Alter bestimmt. Zuerst durfte Karl in die Wanne. Als Bub badete er allein. Danach kamen die Mädchen dran. Während die eine im Wasser hockte, saßen die anderen um den Tisch oder am Herd und plauderten und lachten. Ich nutzte die Gelegenheit, um die Brüste meiner Schwestern zu begutachten, die größer und ausgeprägter waren als meine. Meine Monatsblutung hatte ich schon mit elf Jahren gekriegt. Mein Busen ließ auf sich warten.

Auf Anraten meiner Freundin Annelies cremte ich ihn ab und an mit Topfen ein. Topfen lasse die Brüste wachsen, behauptete Annelies. Wahrscheinlich wusste sie auch das von ihrer Mutter. Der Topfen wirkte nicht, zumindest nicht unmittelbar. Irgendwann wurde mein Busen größer. Doch vorerst musste ich mich mit sehnsüchtigen Blicken begnügen.

Als ich mit dem Baden an der Reihe war, hatte das Wasser im Zuber einen strengen Geruch und eine bräunliche Farbe angenommen. Es gab nur eine Wannenfüllung. Eine für alle. Man musste ja nur sauber werden, nicht rein. Im Gegenzug durfte ich so lange im Wasser bleiben, wie ich wollte. Ich habe jede Minute genossen. Während ich immer tiefer im Wasser versank, hörte ich in Gedanken meine Oma Jule schimpfen, dass das doch alles gar nicht nötig sei, es sei doch genug, das Gesicht, den Hals, die Hände und die Füße zu waschen, sie täte nichts anderes. Das Baden war für sie eine ebenso neumodische Unsitte wie für meinen Vater der Salat. Doch je fuchsteufelswilder Oma Jule durch meine Gedanken geisterte, desto länger blieb ich im Wasser liegen.

Nach dem Bad kauerte ich mich neben den Küchenherd, die Knie bis zum Kinn gezogen und wartete darauf, dass meine Haare trockneten. Es dauerte lange, denn meine Haare reichten bis zur Hüfte. Ab und an schnitt meine Mutter sie eine Handbreit ab. Nach fünf Töchtern konnte sie das ziemlich gut. Wenigstens beim Haareschneiden war es von Vorteil, die Jüngste zu sein.

Kaum waren die Haare trocken, wurden sie schleunigst zusammengebunden. Sie offen zu tragen, wäre unschicklich gewesen. Lange Haare waren zwar ein Muss für jede waschechte Frau, herzeigen aber durfte man sie nicht. Also trugen wir Zopf. Jede auf ihre Art. Ich flocht am liebsten zwei Zöpfe und ließ sie frei herunterhängen. Herta legte sie überkreuz von einem Ohr zum anderen. Hilde drehte sie am Hinterkopf zu einem Dutt, was vorteilhaft für sie war, weil sie wenig Haare hatte. Der Nachteil am Dutt war, dass Hilde dadurch zehn Jahre älter wirkte, zumal sie auch noch ein feines Nylonnetz darüber legte, um den Haaren Halt zu geben. Nötig wäre das nicht gewesen. Die Haare rührten sich ohnehin nicht. Ein paar Wochen nach dem Waschen waren sie so fettig, dass man sie legen konnte, wie man wollte. Die Frisur hielt, auch ohne Dreiwettertaft.

Da Georgs Desinteresse mich an meinem Selbstwert zweifeln ließ, suchte ich Bestätigung in meinem Spiegelbild. Der einzige Spiegel im Haus hing über dem Waschbecken in der Küche. Ausgiebig musterte ich mich: die geflochtenen Haare, die als Kind engelsblond gewesen und jetzt ins Sonnenblumengelb nachgedunkelt waren, die grünen Augen, die kleine, leicht knubbelige Nase. Gar nicht übel. Ich war gerade dabei, mich mit meinem Spiegelbild anzufreunden, als meine Mutter in die Küche kam. „Hoffart kommt vor dem Fall!", rief sie, mit dem Zeigefinger auf mich zielend, „Schande folgt dir überall!"

Ich war sprachlos. Ich wusste nicht, was Hoffart war. Aber ich begriff, dass mir Schande folgen würde, wenn ich weiter in den Spiegel sah. Äußere Werte zählten nicht. Wahre Schönheit kommt von innen. Aber musste alles andere gleich so schlimm enden?

Der Schreck über Mutters Worte hielt einige Tage an, dann wagte ich ihn erneut, den Blick in den Spiegel. Hoffart und Schande folgten, doch trafen sie mich nicht so hart wie beim ersten Mal. Als meine Mutter sah, dass sich ihr Spruch abnutzte, setzte sie eins drauf: „Pass auf!", warnte sie. „Wenn du in den Spiegel schaust, wachsen dir Hörner."

Das saß. Hörner wollte ich auf keinen Fall haben. Meine knubbelige Nase genügte. Die nächsten Wochen waren ein Albtraum. Immer wieder griff ich mir an die Stirn, um zu überprüfen, ob Mutters Prophezeiung wahr geworden war. Fühlen konnte ich nichts. Aber ob man etwas sah? Ich tat, was ich nicht tun sollte: Ich schaute wieder in den Spiegel. Diesmal trieb nicht die Eitelkeit, sondern die Furcht mich an. Gott sei Dank blieb sie unbegründet.

Irgendwann fühlte ich mich sicher genug, Georg erneut gegenüberzutreten. Diesmal nicht in der Maiandacht, sondern am Sonntagnachmittag – der besten Zeit, um einen Mann zu finden.

Wer schwanger wird, landet auf dem Misthaufen! oder: Wie wir unter die Haube kamen

Der Sonntag gehörte dem Herrn. Wie er während der Schöpfung, sollten auch wir an diesem Tag ruhen. Nur der Krämerladen im Dorf hatte geöffnet, damit jene, die von den Bergen herab in die Kirche kamen, Gelegenheit zum Einkauf hatten. Die restliche Arbeit musste liegenbleiben, ob man wollte oder nicht. Gebot war Gebot. Das dritte, um genau zu sein. Dumm nur, dass das Wetter nichts wusste vom Tag des Herrn. Manchmal regnete es tagelang und am Sonntag schien die Sonne. Doch niemand durfte aufs Feld. Da mochte das Gras noch so hoch, der Weizen noch so reif stehen und die Bauern, die ihre Ernte einbringen wollten, noch so verzagt sein.

Der Einzige, der helfen konnte, war Pfarrer Ferdinand. Er hatte die Macht, das dritte Gebot außer Kraft zu setzen. Mit bloßen Worten. Die Bauern trugen ihm zum Dank ihre halbe Speisekammer hin, wenn er bei der Sonntagsmesse von der Kanzel herab verkündete, es dürfe gearbeitet werden. Dann ging nach dem Segen die Pflicht weiter.

War Pfarrer Ferdinand unnachgiebig oder nichts Dringliches zu tun, versammelten wir uns am Sonntagnachmittag in unserer Stube. Wir stürmten keine Gipfel, wie man es heute tut. Wir trafen uns nicht heimlich außer Haus, weil unter Beobachtung zu stehen Pflicht war.

Da meine Mutter nicht nur Pfarrer Ferdinand reichlich auftischte, war unsere Stube ein beliebter Treffpunkt. Nachbarn und Freunde kamen, darunter jede Menge junger Burschen.

Wir erzählten uns Geschichten und sangen Lieder und spielten Mensch-ärgere-dich-nicht und Karten. Meistens Watten. Zu viert. Und blind. Nur zwei Spieler wussten, was jeweils Trumpf und was Farbe war. Nach einem Spielzug sollten es auch die anderen ahnen, nach zwei mussten sie es wissen, ansonsten war nach drei alles verloren. Jede gewonnene Hand brachte zwei Punkte, wenn man bot auch drei. Ein Spiel ging bis 15, das Vergnügen war endlos.

Ich mochte am liebsten die Musik. Wenn wir sangen, sang ich lauthals mit, obwohl ich eine lausige Stimme hatte. Manchmal brachte Georg seine Ziehharmonika mit und spielte auf. Dann kam richtig Schwung in die Stube. Wir tanzten. Wir gingen auf Tuchfühlung. Blicke fielen. Berührungen folgten. Die Hände blieben an ihrem Platz. Nur beschnuppern war erlaubt. Gott bewahre, wenn mehr passiert wäre – ohne den Segen von Pfarrer Ferdinand. Und ohne den Segen der Eltern.

Ohne den Segen der Eltern ging gar nichts. Er war sogar noch wichtiger als jener des Herrn. Ohne ihn durfte kein Mann ins Haus, geschweige denn, um die Hand der Tochter anhalten. Wer bei der Brautschau auf Nummer sicher gehen wollte, stellte sich von Anfang an gut mit den Schwiegereltern in spe. Mehr noch als mit der Braut. Denn nicht selten wurde ohne ihre Gegenwart die Zukunft geplant.

Unser Heiratsmarkt reichte nicht weit über die Dorfgrenzen hinaus. „Donne e buoi dai paesi tuoi", sagte der Walsche.

Ansonsten hielten wir nicht viel von ihm. Doch wo er Recht hatte, hatte er Recht. Vieh und Frauen suchte man sich am besten im eigenen Land.

Wer dort partout nicht fündig wurde, der suchte in der Zeitung. Im Inserat. Dort boten Frauen aus aller Welt sich an. Der Gassler-Bauer, dem die Gesellschaft des Esels irgendwann nicht mehr genügte, entschied sich für eine aus Schlesien. Das walsche Sprichwort war ihm wurscht. Er bestellte die Dame.

Sie kam und brachte ihre Mutter mit. Das hatte nicht im Inserat gestanden, doch als die beiden Frauen vor seiner Haustür standen, konnte der Gassler-Bauer sie schlecht wieder wegschicken. Also nahm er zwei zum Preis von einer. Gekostet hat ihn das jede Menge Nerven.

Mit den Schlesierinnen war der ruhige Alltag des Gassler-Bauern passé. Einige Tage nach ihrer Ankunft hörte er ein lautes Klopfen aus der Küche. Er eilte hinein. Die Mutter der Schlesierin hielt eine Speckseite fest, während ihre Tochter mit einem Beil darauf einhackte. Ein derart verführerisch riechendes, bockhartes Ding hatten die beiden Frauen noch nie gesehen. Sie versuchten, es zu knacken.

Es dauerte nicht lange, da hatten die Fremden unsere Sitten angenommen – und unsere Unsitten dazu. Die Mutter der Schlesierin betätigte sich als Schmugglerin. In einem eigens dafür genähten Gürtel verfrachtete sie Saccharin von Osttirol nach Südtirol. Mit den zusätzlichen Pfunden auf den Hüften ging sie an den Zöllnern vorbei. Ob sie etwas zu verzollen habe, fragten sie. „Kaffee? Saccharin?"

Nein, nein, antwortete die Mutter der Schlesierin kopfschüttelnd und mit ihrem eigentümlichen Akzent, sie komme nicht aus Saccharin, sie komme aus Schlesien.

So wie sich die Schlesierinnen für unsere Bräuche interessierten, so anziehend fanden wir die ihren. Einer ihrer Bräuche bestand darin, sich hinterm Haus hüllenlos in die Sonne zu legen. Mit einem Mal bekam der Gassler-Bauer so viel Besuch wie nie zuvor in seinem ganzen Leben, obwohl sein Hof abgelegen am Einser lag.

Unser Besuch am Sonntag blieb bis abends um neun. Vor allem die jungen Burschen harrten aus. Die Glühbirne über dem Tisch gab nur spärlich Licht zum Kartenspielen. Doch darum ging es längst nicht mehr. Die Burschen wollten ihre ehrlichen Absichten beweisen. Eine Frau ließ sich nicht zuletzt mit genügend Sitzfleisch erobern.

Ich war erstaunt, als Georg eines Abends sitzen blieb. In meinem Bauch begann es zu kribbeln. Blieb er meinetwegen? Meine anderen Schwestern waren zu alt für ihn. Höchstens Theresa kam in Frage. Doch die bandelte schon länger mit ihrem Johannes an. Ich saß da, ohne aufzusehen, scheinbar in meine Strickerei vertieft. Es ist das Paradox der Verliebtheit: Wenn man sich für jemanden interessiert, würdigt man ihn keines Blickes. Das kommt selten so gut an, wie es gemeint ist. Georg jedenfalls schien nicht begeistert. Es war das einzige Mal, dass er länger blieb.

Heute fallen mir jede Menge anderer Gründe für sein Bleiben ein. Vielleicht war er gar nicht meinetwegen geblieben.

Vielleicht hatte es ihm an diesem Abend einfach besonders gut gefallen bei uns. Vielleicht war ihm auch einfach nur ein Fuß eingeschlafen.

Pünktlich um neun erhob sich mein Vater von der Ofenbank. Dort hatte er die meiste Zeit des Abends verbracht, den Kopf gegen die Wand gelehnt. Der Abdruck seines Schädels ist noch heute dort sichtbar. „Lasst uns Farmat machen", sagte er. „Feierabend" auf Deutsch.

Die Stube leerte sich. Wir gingen ins Bett. Nur meine Mutter blieb auf, um auf meinen Bruder Karl zu warten. Karl buhlte sonntags um seine Angebetete Martha. Bevor er nicht heimkam, tat meine Mutter kein Auge zu.

Mit den Lichtern im Haus erlosch der heilige Schein des Tages. Jene, die man längst auf dem Heimweg wähnte, kamen aus ihren Verstecken hervor. Die Burschen mutierten zu einer Mischung aus Indiana Jones und Don Juan. Die Operation Fensterln begann.

Das Ziel beim Fensterln war es, in das Zimmer des Mädchens zu kommen. Weil der Anstand den Weg über Flur und Treppen versperrte, stieg man über das Fenster ein. Ich selbst habe nie derartigen Besuch gekriegt. Trotzdem habe ich ihn oft genug erlebt – als Zaungast bei meiner Schwester Theresa.

Im Vergleich zu anderen Burschen, die auf Leitern der Verheißung entgegenstiegen, hatte Johannes es einfach. Er konnte die Rampe zum Stadel hinaufgehen und von dort aus über den Solder zu unserem Schlafzimmerfenster spazieren. Nur auf zwei verräterisch knarrende Dielen musste er achten.

Denselben bequemen Weg konnte er wieder zurück nehmen, während die anderen Burschen darum bangen mussten, ob die Leitern am Ende ihres Besuches bei der Angebeteten noch an der Wand lehnen würden. Denn ebenso eifrig, wie die einen sie aufstellten, trugen die anderen sie davon. Es waren dieselben, die bei anderer Gelegenheit die Krapfen stibitzten, die die Bäuerinnen zum Auskühlen auf die Fenstersimse gelegt hatten, oder die mit der frisch gesponnenen Wolle davonrannten und sie im Wald ausspannten. Wir kannten die Namen.

War die Leiter weg, gab es kein Entrinnen mehr. Außer, man hangelte sich an einem nahen Baum hinunter. Oder man knotete die Bettlaken zusammen und hoffte beim Hinunterrutschen, dass sie hielten.

Die einzige Ungewissheit, mit der Johannes leben musste, war jene, ob Theresa ihm das Fenster öffnen würde. Er schraubte seine Stimme zu einem krächzenden Säuseln und sagte ein Verslein auf, das voll war von Schönheit und Herzen und Schmerzen. Theresa ließ sich schnell erweichen. Sie war zu unerfahren, zu geschmeichelt und zu neugierig, um es nicht zu tun.

Johannes kletterte durchs Fenster, ertrug mein Gekicher und setzte sich an Theresas Bettrand. Gerne hätte ich den beiden ihre Zweisamkeit gelassen. Ich war eine Anstandsdame wider Willen. Doch wo hätte ich hin sollen? Wir Mädchen hatten nur ein Zimmer. Mit zwei Betten und einem Diwan. Wären die Ältesten nicht schon außer Haus gewesen, wir hätten gestapelt schlafen müssen.

Durch meine Anwesenheit geschah nichts, was nicht geschehen sollte – und das war damals nicht selbstverständlich.

Die Frau sei dem Manne untertan, sagte Pfarrer Ferdinand. Alle Frauen. Jedem. Immer. So zumindest legten es manche Männer aus. Wie viele Hände haben sich an meinen Oberschenkeln hochgefingert. Ich habe von manchem Mann mehr gesehen, als ich sehen wollte. Ich habe die heruntergerissenen Knöpfe meiner Bluse angenäht. Einmal bin ich durchs Fenster ins Freie geflüchtet. Und ich war längst nicht die Einzige.

Offiziell wurde Unzucht natürlich nicht toleriert, weder von der Kirche noch vom Staat. Der Kuppeleiparagraph verbot es, unverheirateten Paaren eine Herberge zu geben. Wie bei Maria und Josef. Die hatten zum Glück einen Stall gefunden. Andere kamen bei meiner Schwester Rosina unter.

Rosina vermietete ein Fremdenzimmer, ein Zimmer im ersten Stock ihres Hauses mit Blick auf den Einser. Eines Abends klopfte ein Paar aus Deutschland an die Tür. Nirgends würden sie unterkommen, klagten sie, weil sie nicht verheiratet seien. Maria und Josef dürften bei ihrer Suche nach einer Herberge nicht minder verzweifelt gewesen sein. Rosina ließ sie ein.

Einige Monate später kam Post vom Paar. Sie wollten sich bedanken, schrieben sie, für die Möglichkeit, sich besser kennen zu lernen. Die gemeinsame Nacht habe ihnen gezeigt, dass sie nicht zusammenpassten.

Manchmal ist es gut, vom Baum der Erkenntnis zu essen, weil man dadurch seine falschen Hoffnungen verliert.

Ich muss gestehen: Ich habe die Katze auch nicht im Sack gekauft. Jedem Gaul schaute man ins Maul, warum also den Ehemann in spe nicht ausprobieren? Dass ich dabei nicht schwanger wurde, verdanke ich meiner Angst. „Wenn eine von euch schwanger wird, landet sie auf dem Misthaufen!“, drohte uns mein Vater, und wir wussten, dass er es ernst meinte. Die Vorstellung vom Misthaufen reichte offenbar aus, um den Samen den Weg zu versperren. Da brauchte Pfarrer Ferdinand nicht einmal das Fegefeuer oder seinen Freund, den Teufel, zu bemühen.

Verhütung war ein Fremdwort für uns. Von der Pille wussten wir noch nichts und wer vom Kondom gehört hatte, riskierte beim Kauf, vor Scham im Erdboden zu versinken. Da schoss man doch lieber scharf. Wer vorschnell traf, für den gab es nur eines zu tun: heiraten, besser heute als morgen. „Eigenartig“, staunte mein Vater dann, „die ersten Kinder werden meist schon nach sechs Monaten geboren, die anderen erst nach neun.“

Früher oder später landete fast jede und jeder vor dem Altar. Am rauschendsten heiratete mein Bruder Karl. Er kassierte seine Angebetete Martha ein, was mich freute, da Martha Minirock und Kniestrümpfe Karl-fähig gemacht hatte. Ich feierte. Und spülte meine Freude mit drei Schnäpsen hinunter. Einen trank ich mit dem Brautpaar, einen mit dem Huber-Bauern, einen mit meiner Freundin Annelies. Ich war 16 Jahre alt und mein Magen war nur an Wasser gewöhnt. Die Welt um mich herum begann zu kreisen. Das Bett, in dem ich mich – ich weiß nicht wie – wiederfand, war wie ein nicht zu stoppendes Karussell. Erst als ich einen Fuß auf den Boden stellte, bremste es ab. Beschwingt durch das Kreisen, kam der Schnaps wieder hoch. Und alles, was sonst im Magen war. Drei Tage lang konnte ich nichts essen und nichts trinken, ohne mich anschließend zu übergeben. Selbst der Kamillentee kam postwendend zurück. Ich habe mich selten so elend gefühlt. Hätte Pfarrer Ferdinand einen Bußprediger gebraucht, ich wäre sehr überzeugend gewesen: Schnaps ist ein Teufelszeug! Gebrannt mit den Flammen der Hölle! Während das Bett kreiste, sah ich ihn deutlich vor mir, den rot-schwarzen Hörnermann, in einem großen Kessel rührend. Meine Mutter flößte mir alles ein, was die Hausmedizin hergab. Am Ende hat mich schwarzer Holundersirup gerettet. Danach konnte ich wenigstens wieder essen. Die Lust am Schnapstrinken war mir vergangen.

Wer nicht heiratete, endete als alter Bub oder als alte Jungfer. Meine Patentante Frieda war eine von ihnen – obwohl sie zeitlebens geliebt hatte. Ihre Liebe galt dem Gassler-Bauern. Auf immer und ewig. Schon als er am liebsten den Esel an seiner Seite gehabt hatte und auch noch dann, als er sich für die Schlesierin entschied. Frieda drohte, an gebrochenem Herzen zu sterben. Sie wurde krank. Jedes Jahr plagte sie ein anderes Leiden. Jedes Mal, wenn sie uns besuchte, sagte sie zu meiner Mutter, es werde wohl das letzte Mal sein. Am Ende hat Frieda alle überlebt: meine Mutter, den Gassler-Bauern, die Schlesierin und den Esel sowieso.

Außer Tante Frieda blieben auch die meisten Knechte und Dirnen ledig, selbst wenn sie sich gefunden hatten. Ihnen fehlte oft das Geld, um eine Familie zu gründen. Sie hatten kein Land und keine Kühe und konnten keine Herdstelle vorweisen. Liebe allein reiche nicht zum Heiraten, befand das Gesetz. Deshalb wurde ihnen die Hochzeit verboten.

Dabei hätten sich viele von ihnen liebend gern getraut, allen voran der Franz. Franz war Knecht bei meiner Freundin Annelies. Ihr Vater hatte ihn auf dem Lichtmessmarkt in der Stadt angeheuert. Franz hatte einen Löffel auf dem Hut, als Zeichen dafür, dass er zu haben war. Der Bauer, bei dem er vorher gedient hatte, hatte ihn nicht ums Bleiben gefragt, sondern für seinen Dienst entlohnt und entlassen. Franz hatte ein Paar Hosen und ein Paar Schuhe gekriegt und sein Geld und einen Handschlag zum Lebewohl. Daraufhin hatte er seine sieben Sachen gepackt und war auf den Lichtmessmarkt gezogen. Wer am Lichtmessmarkt herumlungerte, hatte für gewöhnlich keinen guten Ruf. Annelies' Vater hatte kein gutes Händchen bei Dienstboten. Es dauerte nicht lange, bis Franz und er sich gefunden hatten.

Drei Tage später, am Fest der Heiligen Ingenuin und Albuin, kam Franz auf Annelies' Hof an. Er blieb ein Jahr lang. Es war ein lustiges Jahr. Und ein Jahr voller Spannung.

Franz erzählte uns vom Krieg. Er war in Russland gewesen. Unter walscher Flagge hatte er gedient, immerhin gemeinsam mit den deutschen Kameraden. Einen Kreuzzug gegen den Bolschewismus hätten sie geführt, erzählte Franz. Musste ein tückischer Hund gewesen sein, dieser Bolschewismus. Wenn wir die Augen schlossen, hörten wir die Kugeln förmlich durch die Luft sausen und die Bomben neben uns einschlagen. Wir fühlten den Hunger, den Franz gelitten hatte, die einsamen Nächte, das Heimweh. Das Schlimmste aber sei die Kälte gewesen, sagte der Franz. Die Kälte in Russland sei mit unserer Kälte nicht zu vergleichen. Nicht nur das Wasser, auch das Feuer sei gefroren, sagte der Franz und fügte mit unbeweglich ernster Miene hinzu: Bei minus 40 Grad sei er im Matsch festgesteckt.

Am Ende war der Franz mit einem angeschossenen Oberarm heimgekommen und taugte nur noch zum Knecht. Sein größter Wunsch war eine Frau. Wenn er genug Geld hätte, sagte er immer, würde er am nächsten Tag heiraten. Einmal wäre es fast so weit gewesen. Ein Knecht vom Huber-Bauern erzählte dem Franz, er müsse sich bei Vollmond unter die alte Wasserleitung hinterm Haus stellen und einen Korb darunterhalten, dann würde statt Wasser Geld daherrinnen. Für den Franz war es die Nacht der Nächte. Er hätte alles getan für eine Frau – und stand, wie viele Männer, am Ende da wie ein begossener Pudel.

Heiraten war ein Privileg. Für meine Schwester Theresa war es ein Befreiungsschlag. Nachdem Johannes um ihre Hand angehalten hatte, konnte sie es kaum erwarten, aus dem Haus zu kommen, weg vom Misthaufen, auf dem wir nach jeder Liebesnacht zu landen drohten. Endlich würde sie ihr eigenes Regiment führen. Im Haus war die Frau der Herr. Allerdings hatte Theresa die Rechnung ohne ihre Schwiegermutter gemacht.

Man heiratete nicht nur einen Mann. Man heiratete eine Familie. Mehrere Generationen wohnten unter demselben Dach. Das hatte durchaus Vorteile. Pfarrer Ferdinand hätte nicht jedes Jahr die Frucht der ehelichen Pflichten einfordern können, ohne Großmutter oder eine ledige Tante am Hof, die

die Kinder hüteten. Die Alten wiederum hätten es ohne die Hilfe der Jungen nicht über die Runden geschafft. Kindergarten und Altersheim hatte damals jeder im Haus.

Durch ihre Heirat mit Johannes wurde Theresa zur jungen Schiefbichlerin. Schiefbichl, so hieß der Heimathof von Johannes, weil er in abschüssigem Gelände stand. Auch der Haussegen hing bald schief, nachdem Theresa eingezogen war. Johannes' Mutter, die alte Schiefbichlerin, wollte ihr Regiment nicht aufgeben. Nichts konnte Theresa ihr recht machen. Nicht, wie sie die Wäsche wusch, nicht, wie sie die Wäsche aufhängte, nicht, wie sie die Wäsche faltete. Ich glaube, Theresa hätte auch Clara, Anna oder Maria heißen können, es wäre egal gewesen. Die alte Schiefbichlerin duldete einfach keine Neue im Haus. Ich kann sie sogar verstehen. Für die Alten blieb wenig zu tun, wenn die Jungen erst einmal das Ruder übernommen hatten. Wenigstens die Knödelschüssel hätte Theresa der alten Schiefbichlerin lassen können. Und Johannes seinem Vater das Tischgebet. Denn verzichten fällt oft leichter als loslassen.

Der Schiefbichl-Bauer hatte immer schon einen Hang zum Festhalten gehabt. Jede Lira hatte seine Frau ihm abbetteln müssen. Gnädig wie ein edler Spender hatte er seine Brieftasche gezückt, wenn sie ein Stück Stoff oder ein paar Knöpfe brauchte. Dass nur er die Brieftasche hatte, war selbstverständlich für ihn. Zwei Brieftaschen im Haus seien unpraktisch, war seine Devise. Irgendwann war das Wenige der Schiefbichlerin zu viel geworden: Sie hatte ihre Habseligkeiten und ihre drei Kinder gepackt und sich angeschickt, Haus und Hof zu verlassen. Sie war bis zum Zaun gegangen, hinter dem das Gelände abfiel, und war dann wieder umgekehrt. Schritt für Schritt hatte sie sich gefragt, wohin in Gottes Namen sie sollte ohne Geld.

Die Not und das Versprechen vor dem Altar haben viele Paare ein Leben lang vereint. „Zum Heiraten braucht es eine Portion Dummheit", sagte mein Onkel Walter oft, wenn er wieder einmal zu tief ins Glas geschaut hatte. Dummheit oder unendliches Gottvertrauen. Bis dass der Tod euch scheidet. Man nahm sich beim Wort. 1970, in dem Jahr, in dem Johannes und Theresa heirateten, wurde in Italien das Recht auf Scheidung eingeführt.

Was aus Georg wurde? Georg hat meine Freundin Annelies geheiratet. Und ich kam auch noch unter die Haube. Obwohl mir nach Karls Hochzeit der Sinn gar nicht mehr danach stand. Ich war schon 23 und auf dem besten Weg zur alten Jungfer. Das lag an den Umwegen, die ich genommen habe. Zuerst haben sie mich zu einem Maurer geführt („Wenn ich dich berühre, ist es so, als würde ich meine Mörtelkelle halten"), dann zu einem Wirt („Du kannst mir nach der Hochzeit in der Küche helfen"), am Ende bin ich die Frau eines Doktors geworden. Das hatte ich Pfarrer Ferdinand schon prophezeit, als ich zweieinhalb Jahre alt gewesen war. Was ich einmal werden wolle, hatte er mich damals gefragt. „Eine Doktorfrau", war meine Antwort.

Nur nicht nachstehen!
oder: Was uns zur Arbeit trieb

Dass ich eine Doktorfrau werden wollte, hatte natürlich nichts mit dem Mann zu tun. Ich wollte wohl eine Frau Doktor werden, wusste es aber nicht anders auszudrücken. Aus meinem Traum wurde selbstverständlich nichts. Ich hatte kein Geld zum Studieren. Dafür hatte meine Mutter ein neues Jackenkleid und mein Vater ein paar Ferkel. Im Gegenzug traktierte ich sie mit meinen Fragen. Alles wollte ich wissen, nicht nur, woher die Kinder kamen. Wer dieser Mann sei? Wohin diese Frau gehe? Warum die Kühe ständig kauten? Woher das Licht in der Lampe käme? Wie wohl das Blut Christi schmecke, das Pfarrer Ferdinand bei der Heiligen Kommunion trank?

Zuerst ging ich zu meiner Mutter. „Wie lästig du bist!“, sagte sie und schickte mich mit meinen Fragen zu meinem Vater. Der hatte manchmal eine Antwort für mich, und dann war ich zufrieden.

Das, was damals als ehrenhaft galt, nämlich harte körperliche Arbeit, befriedigte mich nicht. Es gab dabei einfach nichts Neues zu entdecken, denn jahrein, jahraus taten wir das Gleiche. Wir standen mit den Hühnern auf und holten uns Pfarrer Ferdinands Segen. Mein Vater ging nicht zur Frühmesse, sondern in den Stall zum Melken. Sogar Pfarrer Ferdinand sah ein, dass ein pressierendes Euter vorging.

Das Arbeitsjahr begann im Frühling mit einem Frühjahrsputz für die Felder. Ich klaubte die Steine, das Holz und die

Wurzeln auf, die Schnee und Frost im Winter herbeigetragen und aufgewühlt hatten. Das Holz und die Wurzeln brachte ich nach Hause, wo meine Mutter sie in den Ofen warf. Die Steine schleppte ich an den Rand des Feldes, wo mein Vater sie dazu benutzte, die Steinmauern auszubessern, die unser Land begrenzten. Ich trug schwer an meiner Last. Mein Rücken tat weh. Im Winter war er von der Arbeit draußen verschont geblieben. Jetzt spürte er wieder, was es hieß, der Rücken eines Bauernkindes zu sein.

Die Natur erwachte. Und wir versorgten den Boden mit Mist, um das Wachsen in Schwung zu bringen. Bereits im Winter hatten mein Vater und mein Bruder ihn auf die Felder gekarrt und dort als Haufen gelagert. Jetzt galt es, ihn flächendeckend zu verteilen.

Der Mist von damals war anders als der Mist von heute. Er stank nicht wie die penetrant säuerlich riechende Gülle. Das war sein Markenzeichen. Einen guten Mist könne man in der Tasche tragen und keiner würde es bemerken, sagte mein Onkel Walter. Das lag am Futter. Die Kühe bekamen nur Gras, auf Schwedenreitern luftgetrocknetes Heu. Gemäht wurde das Gras drei Mal im Jahr: im Juni hieß der Schnitt Heu, im August Grummet, im September Pofel. Mit jeder Rasur wurde das Gras weniger, aber feiner. Klasse statt Masse. Heute kriegen die Kühe nicht mehr viel Heu. Dafür jede Menge Kraftfutter und Mais, klein geschnitten, mit dem Traktor festgepresst, luftdicht verpackt. Fertigfutter. Und das, was bei der Kuh hinten herauskommt, stinkt zum Himmel.

Den Takt bei der Feldarbeit gab das Wetter vor. Das Wetter und der Huber-Bauer. Der hatte nicht nur den besten Stier im Dorf, sondern erfahrungsgemäß auch als Erster sein Heu im Stadel. Seine Felder lagen südseitig. Nirgends wuchs es schneller als dort. „Jetzt fängt er schon an zu mähen", grummelte mein Vater, wenn er den Huber-Bauern vom Küchenfenster aus bei der Arbeit sah. „Es blüht doch noch alles!"

Das Einzige, was blühte, waren die Blumen auf unserer Wiese. Sie lag schattig im Westen. Die Vegetation hinkte hinterher. Mein Vater aber wollte nicht nachstehen. Am nächsten Tag griff er selbst zur Sense und gab mir die Gabel, mit der ich das Gras ausbreitete und es dann am nächsten Tag mit dem Rechen wendete, damit es auf beiden Seiten gleich viel Sonne abbekam.

Falls mein Vater den eifrigen Huber-Bauern nicht sofort bemerkte, machte ihn meine Freundin Annelies darauf aufmerksam. Annelies war zwar ein herzensguter Mensch, aber noch neugieriger als ich. Sie kundschaftete mit dem Feldstecher das Dorf aus und rieb den Leuten die Vorzüge und Großtaten der anderen unter die Nase.

Sich mit anderen zu vergleichen, ist ein Kreuz, an dem die meisten Menschen schwer zu tragen haben. Heute geht es um einen guten Job, ein tolles Auto und einen straffen Busen. Früher ging es um ein gemähtes Feld, einen sauberen Acker und eine schöne Kuh. Ich habe nie recht verstanden, was an einer Kuh schön sein soll. Schön war höchstens, wenn ihre Rippen nicht allzu stark hervorstachen. Kühe sind keine Magermodels. Viel Fleisch auf den Hüften ist gut.

Neben dem Kuhmist kamen auch unsere eigenen Hinterlassenschaften aufs Feld. Mir grauste, wenn ich an die Füllung im Plumpsklo dachte. Pyramidenförmig türmte sich der Haufen unter dem kreisrunden Loch auf, durch das wir der Natur freien Lauf ließen. Es stank gewaltig, doch zum Glück hatten wir eine Lüftung. Der Wind fuhr durch die Ritzen in den Bretterwänden und durch die kleine herzförmige Öffnung in der Tür und sorgte so für Durchzug. Oft, wenn ich auf das Herz in der Tür schaute, fragte ich mich, was das Herz mit der Verdauung zu tun hatte. Damals wusste ich noch nichts von ganzheitlicher Medizin.

Mit Stecken und Schaufeln schöpften wir unsere Hinterlassenschaften im Frühjahr auf die Schubkarre und brachten sie aufs Feld. Beim Anblick der weißen Würmer, die in Scharen durch unsere Hinterlassenschaften pilgerten, drehte es mir regelmäßig den Magen um. Ich war froh, als der Pflug sie endlich unter die Erde mischte.

Das Pflügen war eine Plackerei. Mitten in der Nacht bekam Mina ihre erste Fuhre Heu, damit sie in Ruhe fressen konnte, bevor um fünf Uhr früh angespannt wurde. Ein voller Bauch pflügt nicht gern.

Das Zaumzeug im Maul, den Pflug im Rücken mühte sich unsere Mina – ein Haflinger mit besonders voller Mähne – über die Felder, während mein Vater den Pflug in den Boden rammte. In Schollen riss die Erde auf. Ich ging hinter Mina und meinem Vater her und hackte die Schollen klein.

Um neun Uhr durften wir das erste Mal rasten. Es gab ein vorgezogenes Mittagessen für uns und Futter für Mina – und zwei Stunden Pause. Wurmfreie Zeit. Danach ging es weiter bis zur Marende um zwei, die eine Stunde Rast verhieß.

Den Feierabend läutete der Messner mit der Kirchenglocke ein. Damals, als noch niemand eine Armbanduhr hatte, machte das Geläute Sinn. Es war unser Wecker und unser Zapfenstreich und tagsüber eine gute Orientierung.

Heute scheint es so, als läuteten die Glocken gegen das Vergessen an. Als müssten sie die Leute daran erinnern, dass es eine Kirche und ein Gotteshaus gibt und jede Menge Erlösung, wenn man sich nur als sündiger Mensch fühlt. Was ich nicht verstehe, ist, warum die Glocken ihre Mission in aller Herrgottsfrüh beginnen müssen. Wenigstens den gesunden Schlaf sollte die Kirche den Leuten lassen.

Heute läuten die Glocken zu früh, früher läuteten sie mitunter zu spät. Wenn ein Bauer dem Messner ein ordentliches Trinkgeld zugesteckt hatte, konnte es durchaus passieren, dass der Messner den Farmat eine Viertelstunde später als sonst einläutete. Auf diese Weise machte der Knecht unbezahlte Überstunden und merkte nichts davon.

War der Boden bereitet, konnten Ronen, Roggen, Gerste, Hafer, Weizen, Kartoffeln, Rüben und Kohl wachsen. Die Ronen waren, zerhackt, ein Leckerli für die Kuh. Den Hafer gab's für die Pferde und als Hafermus leider auch für uns. Aus dem Roggen machte meine Mutter Brot, aus der Gerste Suppe und Kaffee, aus dem Weizen Niggilan, Plattlan, Tirtlan, Schmarren und Krapfen.

Die Krapfen waren für meine Mutter das, was für meinen Vater ein sauberes Feld war: Sie waren ihr ganzer Stolz. Krapfen zu machen, war eine Kunst. Der Germteig war sensibler als das Gemüt mancher Frau. Vor allem Zugluft vertrug er nicht. Er brauchte Wärme, Ruhe und Dunkelheit. Einmal riss mein Bruder Karl ohne Vorwarnung die Küchentür auf, als meine Mutter ihren Germteig gerade fertig gemacht hatte – schon war das Malheur passiert. Der Teig fiel in sich zusammen. Ich glaube, in diesem Augenblick hätte meine Mutter Karl am liebsten enterbt.

Normalerweise waren ihre Krapfen vorzüglich. Pfarrer Ferdinand war voll des Lobes. Genau richtig seien sie gebacken, schwärmte er, wenn ich ihm die erste Portion Krapfen brachte, frisch aus dem kochenden Ölschmalz, weil man Krapfen am besten heiß isst. Selbst Gott im Himmel muss das Wasser im Mund zusammengelaufen sein.

Mit Blick zum Himmel schauten wir der Aussaat beim Wachsen zu. Unser Wohl und Verderben war vom Wetter abhängig. Mein Vater hatte gelernt, es zu lesen. Er wusste genau, was jede Wolke und jedes Lüftchen zu bedeuten hatten. Staute sich um zehn eine Wolkenfront im Westen, regnete es um drei. Zog es die Wolken nach links, wurde das Wetter schön, zog es sie nach rechts, wurde es schlecht. Und wenn die Flugzeuge am Himmel Kondensstreifen hinterließen, würde es gewiss auch bald regnen.

Mein Vater erklärte mir, dass es die Dreikönigskälte und die Bastiankälte gab, die Kälte an Mariä Lichtmess und die Valentinskälte, die Kalte Sophie im Mai und die Schafskälte im Juni. Er lehrte mich Wetter-Weisheiten: „Blühen im November die Bäume aufs Neu, währet der Winter bis zum Mai."

„Lichtmess hell und rein, wird ein langer Winter sein. Lichtmess trüb, ist dem Bauern lieb."

„Kommt der Frost im Januar nicht, zeigt er im März dir sein Gesicht."

Besonders beeindruckt war ich von der Wetterregel zu Mariä Heimsuchung. Ab dem zweiten Juli marschierte die Gottesmutter Maria 40 Tage lang zu ihrer Base Elisabeth und sollte dabei nicht nass werden. Ansonsten drohte unsere Ernte zu faulen. Von Pfarrer Ferdinand wusste ich, dass Maria zu dieser Zeit schwanger war. Kein Wunder, dass das Wetter während der Wanderung gut sein sollte. Niemand will schwanger im Regen stehen.

Mein Vater kannte sie wirklich alle, die Weisheiten, die Los-Tage, die Zeichen des Wetters. Niemand konnte es mit ihm aufnehmen, höchstens die Wilde Nanne. Sie lebte am Waldrand und ließ sich nur sonntags in der Kirche blicken. Ich glaube, die Wilde Nanne brauchte keine Gesellschaft, sie genügte sich selbst. Sie hatte zwar nicht ein derart großes Wissen übers Wetter wie mein Vater, dafür aber ein Wachsbein am großen Zeh. Das zwickte anderthalb Tage, bevor sich Regen, Schnee oder Wind anbahnten, gewaltig. Sobald der Schmerz nachließ, eilte die Wilde Nanne aus dem Haus, um ihre Besorgungen zu machen. Wer sie während der Woche im Dorf ihre Besorgungen machen sah, wusste, was uns erwartete. Selbst der Kachelmann wäre beeindruckt gewesen.

Die Wilde Nanne starb 1968 an einem Schlaganfall. Ein Jahr später war auch mein Vater mit seinen Wetter-Weisheiten am Ende. In diesem Jahr betrat der Mensch den Mond. „Seit sie auf den Mond gefahren sind, ist alles durcheinandergeraten“, sagte mein Vater. Nichts war mehr beim Alten am Himmel.

Damit der Himmel uns eine gute Ernte bescherte, pilgerten wir jedes Jahr im Mai oder Juni – in der Woche vor Christi Himmelfahrt – zum Standbild der Kornmutter in ein Nachbardorf. Eigentlich gehörte das Standbild uns, doch irgendwann hatte eine Mure es fortgespült, eine Bestimmung, die wir akzeptierten.

Ich war wahnsinnig aufgeregt, als ich zum ersten Mal mit zur Kornmutter gehen durfte. Don Quichotte wäre während der Wallfahrt vor Langeweile wohl gestorben, für mich war sie ein Abenteuer. Zugegeben – nach vier Stunden Marsch und gefühlten zehn Rosenkränzen waren meine Füße schwer und meine Zunge taub, aber was danach kam, entschädigte für alle Mühen: Im Dorfgasthaus bekam ich eine Aranciata!

Aranciata – Orangenbrause –, die beste, die ich jemals getrunken habe! Die Bläschen kitzelten meinen Gaumen. So fühlte sich Glückseligkeit an.

Wurden unsere Gebete erhört, konnten wir Mitte Juli mit der Ernte beginnen. Zuerst kam der Roggen an die Reihe, dann die Gerste, dann der Weizen. Der Hafer reifte am längsten, das dauerte bis Ende September. Zu dieser Zeit machten die Sommergewitter die Ähren gern platt. Deshalb trugen wir an Mariä Himmelfahrt Blumen in die Kirche, damit Pfarrer

Ferdinand sie segnete. Anschließend machten wir Feuer damit. Guter Rauch gegen böse Lüftchen.

Nach dem Weizen wurden die Kartoffeln geerntet. In unseren lehmigen Böden wuchsen sie gut. Beim Aufklauben war ich schneller als Theresa und sogar schneller als Hilde und war mächtig stolz darauf. Doch mein Ehrgeiz hatte seinen Preis. Je schneller ich ackerte, desto krummer wurde mein Rücken, bis ich mich im Spätherbst, als es die Futterrüben zu ziehen galt, kaum noch bücken konnte.

Am schlimmsten aber kam es um Martini beim Dreschen. Das Dreschen war die letzte Arbeit vor dem Winter. Der finale Paukenschlag der Feldarbeit. Wir legten das Getreide, das wir im Laufe des Sommers und Herbstes eingebracht hatten, auf einen großen Rost im Oberstadel und droschen mit Knüppeln aus Lärchenholz auf die Ähren ein. Wir schlugen, was das Zeug hielt, und wirbelten dabei jede Menge Staub auf. Man sah die Hand vor den Augen nicht. Ein Sandsturm in der Sahara muss ähnlich sein. Die gelösten Körner purzelten in den Unterstadel. Abends waren wir über und über mit Getreidestaub gepudert und verstanden, was es hieß, Hunger wie ein Drescher zu haben.

Der technische Fortschritt, der die Arbeit leichter machte, kam nur langsam zu uns. Das lag nicht zuletzt daran, dass mein Vater das Neue nicht wollte. Nicht nur beim Essen war er konservativ. Es kostete Karl ungezählte Stunden und viel Überredungskunst, meinen Vater von den Vorzügen eines Lastenaufzugs zu überzeugen. Ich hielt normalerweise nicht viel von Karls Ideen, doch in diesem Punkt gab ich ihm Recht. Zwei unserer Felder, die abseits des Dorfes lagen, waren so abschüssig, dass selbst die Kühe Mühe gehabt hätten, sich zu halten. Das Mähen war anstrengend und gefährlich. War das Gras getrocknet, mussten wir es bis ans Ende des Hanges hinunterrechen und anschließend nach oben schleppen. Ein Lastenaufzug wäre eine enorme Erleichterung gewesen. Doch mein Vater lehnte ihn ab. So ein Teufelszeug war doch sicher unberechenbar! Was, wenn jemand erschlagen wurde von dem Ding? Warum sollte es nicht so weitergehen wie bisher?

Doch es kam, wie es kommen musste. „Wer schimpft, der kauft", sagte mein Onkel Walter immer. Will heißen: Wer etwas partout ablehnt, hat am Ende meist damit zu tun. Karl war es mit den verhassten Kniestrümpfen so ergangen, die er bei seiner Angebeteten Martha plötzlich mögen musste. Und meinem Vater passierte dasselbe mit dem Lastenaufzug. Am Ende kaufte er ihn.

Als er ihn endlich hatte, wollte er ihn nicht mehr hergeben. Karl bekam die Lorbeeren und den Platz am Schalthebel. Während wir am unteren Ende des Hanges das getrocknete Gras zu einem Ballen banden und ihn am Griff des Aufzugs befestigten, saß Karl im Heuschuppen am oberen Ende der Wiese und wartete darauf, bis wir mit dem Rechen gegen das Lastseil schlugen, zum Zeichen dafür, dass wir fertig waren. Dann legte Karl den Schalthebel um, die Seilwinde setzte sich in Bewegung, und die Last schwebte himmelwärts. Im Schuppen angekommen, schaltete Karl das Getriebe ab und ließ den Ballen sanft zu Boden gleiten. Die meiste Zeit des Tages aber verbrachte er damit, auf die nächste Fuhre zu warten. Es muss ungeheuer langweilig gewesen sein. Doch Karl war lieber gelangweilt als ausgelastet. Zudem vertrug er die Sonne nicht. Wenn er in der prallen Sonne stünde, riskiere er einen Sonnenstich, lamentierte er. Und was das bedeute, wisse man ja. Pfarrer Ferdinands Kollege im Nachbardorf sei an einem Sonnenstich gestorben. Wahrscheinlich baumelte er aber nur zu lange am Ast, an dem er sich erhängt hatte.

Karls liebste Jahreszeit war der Winter. Dann hatte er Zeit zum Ausruhen. Nur die Tiere im Stall mussten versorgt werden. Die Kühe kamen im Herbst von der Alm nach Hause. Dort waren sie vom Frühsommer an gewesen, um Höhenluft zu tanken und Vitamine zu bunkern. Im Tal bräuchten die Kühe einen Korb voller Heu, erklärte mir mein Cousin Harald, nachdem er vom Ziegenhüter zum Hüterbub aufgestiegen war. Auf der Alm genüge ihnen ein Hut voller Gras. Nur gefrieren durfte es nicht. Dann nämlich bekamen die Kühe Bauchweh.

Mitte September war die Sommerfrische der Kühe vorbei. Ihre Rückkehr ins Tal wurde groß gefeiert. Annelies und ich zogen unsere Dirndln an und gingen hinauf auf die Alm, um beim Abtrieb von Anfang an dabei zu sein. Am schicksten wurden die Kühe gemacht. Sie trugen große Glocken um den Hals, die an breiten, mit Federkiel bestickten Riemen hingen. Die Botzl bekam sogar ein goldbesetztes Gesteck auf den Schädel. Als Kranzkuh führte Botzl die Herde ins Tal. Natürlich gehörte sie dem Huber-Bauern. Kein Wunder bei dem feschen Stier.

Neidlos mussten wir eingestehen, dass Botzl das glänzendste Fell, den schönsten Schritt und das wohlgeformteste Euter hatte. Sie war die Königin der Kühe. Man sah es auf den ersten Blick. Botzl genoss die Aufmerksamkeit, die die Zuschauer am Wegesrand ihr schenkten. Hinter ihr ging Harald, eine Nelke im Hut. Der Senner bot den Zuschauern Schnaps an und trank nach jedem dritten selber einen. Er kam als Letzter ins Tal. Kein Wunder bei den Schlangenlinien, die er ging.

Zehn Jahre lang war Botzl die Kranzkuh im Dorf. Dass sie im elften Jahr keine Kranzkuh mehr sein durfte, hat sie schwer getroffen. Als sie sah, dass der jungen Rosl das Goldgesteck aufs Haupt gesetzt wurde, senkte sie den Kopf. Nicht aus Scham, wie wir dachten. Botzl hatte nicht vor, sich kampflos geschlagen zu geben. Sie wollte Zickenkrieg und ging auf Rosl los. Der Senner ließ vor Schreck die Schnapsflasche fallen. Harald ging geistesgegenwärtig dazwischen und schlug mit seinem Stock auf Botzl ein. Nur widerwillig ließ sie von Rosl ab. Den Weg ins Tal hinunter versuchte sie sich immer wieder an Rosl vorbeizudrängen. Wer am Wegesrand stand, musste aufpassen, nicht überrannt zu werden. Harald und der Senner hatten keine ruhige Minute. Der Schnapsausschank fiel in diesem Jahr spärlich aus. Mir hat Botzl richtig Leid getan. Es war sicher nicht leicht, sich den Rang abnehmen zu lassen, schon gar nicht von so einem jungen Kalb.

Zu Hause erwartete die Kühe ein Bett aus Baumnadeln, das wir im Stall für sie hergerichtet hatten. Die Baumnadeln kamen aus dem Wald, doch irgendwann wurde uns das Nadelnsammeln verboten. Man sollte dem Wald seinen Dünger lassen. Als mein Vater den Beschluss hörte, wurde er fuchsteufelswild. Ich habe ihn selten so zornig erlebt. Doch Gesetz war Gesetz und Gebot war Gebot, da mochten noch so viele Nadeln im Wald herumliegen, wir richteten den Kühen künftig ein Bett aus Stroh her.

Wenn der Heuvorrat in unserem Stadel im Laufe des Winters zur Neige ging, holte mein Vater die Reserven von der Alm. Die Wiesen dort hatte er irgendwann im Sommer, wenn die Witterung es zuließ, gemäht und den Schnitt in einem Heuschuppen auf dem Berg gelagert. Jetzt tat der Vorrat gute Dienste. Auf Schlitten wurde er ins Tal gebracht, was ein halsbrecherisches Unternehmen war, wenn man bedenkt, wie tief der Schnee und wie einfach die Schlitten waren. Winter wie damals gibt es heute nicht mehr. Die Schneemassen waren mitunter so gewaltig, dass manche Bergbauernhöfe selbst im Mai noch nicht geapert waren. In diesem Fall gingen sie steuerfrei, um nicht in den Ruin zu schlittern.

Wenn mein Vater im Winter das Heu von der Alm holte, ging er nie allein. Bei dieser Aufgabe halfen sich die Männer gegenseitig. In aller Herrgottsfrüh banden sie sich die eingefetteten, kniehohen Gamaschen um die Beine, die zwar nicht ewig, aber wenigstens halbwegs trocken hielten, banden sich die Schlitten um die Hüfte und stapften los. Meine Mutter schaute ihnen immer sorgenvoll nach.

Am frühen Nachmittag, bevor der Schnee weich wurde, mussten sie wieder zurück sein. Die Männer beeilten sich, auf die Alm zu kommen, das Heu auf die Schlitten zu binden und abzufahren. Das Schwierigste dabei war, den Schlitten zu lenken. Im Grunde war das überhaupt nicht möglich. Man musste den Karren einfach laufen lassen und hoffen, dass er in der Spur blieb. Mit Karacho ging es talwärts. Wer bremsen wollte, stach mit einem Stecken in den Schnee. Zum Anhalten warf man eine Kette unter die Kufen. Das sah spektakulär aus und war lebensgefährlich.

Mindestens genauso gefährlich war es, wenn sommers die Baumstämme von den Bergen über die Bäche hinuntergelassen wurden. Verkeilten sie sich irgendwo, mussten die Männer sie befreien, während schon die nächste Ladung ungebremst auf dem Weg war. Den Seppl, den Mann unserer Nachbarin Zenze, hat ein Baumstamm erdrückt.

Ich erinnere mich noch gut daran, wie Annelies eines Winternachmittags leichenblass angerannt kam. Ihre Zöpfe flogen nur so hinter ihr her. Den Schlitten habe es umgeworfen, rief sie in der Tür. Meine Mutter fasste nach der Herdstange. Einfach umgehauen habe es ihn, sprudelte es aus Annelies hervor, droben beim Fronl-Hof in der scharfen Kurve. 100 Meter sei er gerutscht, mitten hinein in den Wald. Und ihr Vater habe sich in den Kufen verhangen, mit dem linken Bein. Kaum gefunden hätten sie ihn unter all dem Schnee. Aber Gott sei's gedankt und der Mutter Gottes dazu – er habe nur ein paar Schürfwunden. Sonst gehe es ihm gut.

Und den anderen?

Denen auch.

An diesem Tag machte meine Mutter drei Kreuze, als mein Vater nach Hause kam. Er zitterte fast unmerklich, als er sich auf die Ofenbank legte. Als wollte er sich selbst davon überzeugen, noch auf dieser Welt zu sein, presste er seinen Schädel noch stärker als sonst an die Wand.

Der Rest des Winters verlief ruhig. Wir waren froh, dass die Aufregung ausblieb. Und doch sprangen wir freudig auf, als die Abwechslung an unsere Tür klopfte.

Von Krämern und der krummen Loise oder: Wie Neuigkeiten zu uns kamen

Drei Mal klopfte die krumme Loise, wenn sie uns besuchen kam. Unverkennbar pochten ihr starren, rheumaverzerrten Finger gegen die Haustür, bevor diese einen Spaltbreit aufging und die krumme Loise ihren leicht wackelnden Kopf hindurchschob.

„Alles gut", war ihr erster Satz, wobei man nie wusste, ob er als Frage oder als Feststellung gemeint war. Bei der krummen Loise war immer alles gut, obwohl sie es alles andere als leicht hatte. Sie war eine Bettlerin, hatte nichts, wofür es sich augenscheinlich zu leben lohnte. Doch die krumme Loise liebte das Leben und sie hatte die Gabe, das Leben von seiner schönsten Seite zu sehen und zu schildern. Die krumme Loise erzählte die fantastischsten, einprägsamsten und mitreißendsten Geschichten, die ich je gehört habe. Da sie gern wanderte, sah sie viel von der weiten Welt. Ich glaube, die krumme Loise war wandersüchtig. Sie hätte es nicht ausgehalten auf einem Fleck. Sie wanderte so gern wie der Müller und das Wasser und die Räder zusammen.

Doch manchmal brauchte selbst die krumme Loise eine Pause. Sie humpelte in unsere Stube, stellte ihren Rucksack ab und ließ sich schwer schnaufend auf der Ofenbank nieder. Sie trug schwer an ihrem Gewicht und an den vielen Lumpen, die sie schichtweise übereinander gezogen hatte.

Eigentlich hieß die krumme Loise Luigia und kam aus der Provinz Belluno. Sie war eine der Walschen, die wir an sich nicht besonders gerne sahen. Luigia war eine Ausnahme. Sie konnte sogar unseren Dialekt. Für einen Walschen ist unser Dialekt alles andere als einfach. Die Familie Rossi, die 35 Jahre lang zu uns in die Sommerfrische kam, hat bis zuletzt überhaupt kein Wort davon herausgebracht. Weil wir die Luigia gern hatten, tauften wir sie um. Sie wurde zur Loise. Und weil sie hinkte, wurde sie zur krummen Loise.

Kaum hatte sie sich auf der Ofenbank niedergelassen, brachte meine Mutter ihr Brot und Milch und nachdem die krumme Loise ihren ärgsten Hunger gestillt hatte, begann sie zu erzählen, besser als jedes Boulevardblatt. Sie wusste, wer geboren und wer gestorben war, wessen Kuh besonders viel Milch gab, wo die Orgel gerichtet werden musste und wann die Feuerwehr ausgerückt war. Hinter vorgehaltener Hand wusste sie, wer mit wem liebäugelte, und wer es nicht wusste, dem erzählte sie von den zwei Kindern des Pfarrer Engl, deretwegen er versetzt worden war, weg von seiner Heimatgemeinde und von der Versuchung und von der menschgewordenen Liebe. In seiner neuen Gemeinde durfte er weiterhin Messen lesen und wenn er es nicht tat und nur im Chorstuhl saß, waren wohl wieder das schlechte Gewissen und ein Weib im Spiel. Da Pfarrer Engl erlebt hatte, was es hieß, ein schwacher Mensch zu sein, zeigte er sich anderen Sündern gegenüber gnädig. Er habe weite Ärmel, sagte die krumme Loise, weshalb sie gerne bei ihm beichtete. Da die krumme Loise in der ganzen Welt herumkam, konnte sie sich ihren Beichtvater aussuchen.

Ich glaube, meiner Tante Trude hätte der Pfarrer Engl auch gefallen. Tante Trude, Pfarrer Engl und die krumme Loise hatten eines gemein: Sie waren keine Kostverächter. Auch die krumme Loise hatte einen Freund, den Porcolavoro. Wir nannten ihn deshalb so, weil er immer „porco lavoro" sagte. Jede Arbeit schien ihm ein Scheißjob zu sein. Die krumme Loise und der Porcolavoro kamen nie gemeinsam und doch waren sie unzertrennlich. Tauchte die krumme Loise auf, war auch der Porcolavoro nicht weit.

Gott in seiner unendlichen Liebe und Güte hat am Ende mit allen dreien ein Nachsehen gehabt: Tante Trude schenkte er Harald, die krumme Loise lebte glücklich mit dem Porcolavoro und Pfarrer Engl wurde 90 Jahre alt. So alt wird kaum jemand, wenn der Herr ihm grollt. Ins Pfarrergrab auf dem Friedhof durfte Pfarrer Engl dennoch nicht. Die Neider in seinen eigenen Reihen vergönnten es ihm nicht.

Die krumme Loise war zufrieden mit sich und der Welt und deshalb fiel auch bei all dem, was sie erzählte, nie ein schlechtes Wort. Darin unterschied sie sich grundlegend von den Klatschweibern unseres Dorfes. Auch sie wussten über alles und jeden Bescheid, doch sie schienen sich nur an das Negative zu erinnern. Sie tratschten bösartig und spielten mit verdeckten Karten. Obwohl sie nicht viele waren, schienen sie doch allmächtig, allgegenwärtig und allwissend zu sein. Noch heute wird mir anders zumute, wenn ich an sie denke. Ich glaube, das liegt daran, dass sie meine Mutter zum Weinen brachten. Meine Mutter hatte sieben Kinder geboren, aber vor diesen Frauen kapitulierte sie. Wie die apokalyptischen

Reiter stürmten sie mindestens ein Mal pro Tag in unser Haus und überfielen uns mit ihrem Dialekt voller langgezogener iii's und üüüü's. Sie stammten nicht aus unserem Dorf, sondern hatten aus einem anderen Tal eingeheiratet. Wir konnten nichts gegen sie tun. Nicht einmal aussperren konnten wir sie. Unsere Haustür stand immer offen. Abgeschlossen wurde damals nicht.

Nachdem sie wieder abgezogen waren, weinte meine Mutter oft. Anderswo würden sie über uns lästern, wie sie bei uns über andere gelästert hatten. Der Mensch ist des Menschen beste Medizin, sagt man. Die Klatschweiber unseres Dorfes waren wie die Enzianwurzel – bitter im Geschmack. Ich entwickelte einen tiefen Groll gegen ihren Schlag. Ich schwor, nie einen Mann aus ihrem Tal zu heiraten. Unnötig zu erwähnen, dass ich am Ende genau das getan habe.

Bei der krummen Loise mochte einer getan haben, was er wollte, aus ihrem Mund klang es höchstens wie ein Streich. Doch als sie uns die Geschichte der Pfunderer Buben erzählte, wurde sie ernst.

Die Geschichte der Pfunderer Buben war höchst brisant und hochpolitisch. Über Politik redeten eigentlich nur die Männer. Wir Frauen verstanden nichts davon, meinte zumindest mein Bruder Karl. Wenn ich irgendetwas über Politik wusste, dann nur das, was mein Vater mit Gildo besprach. Gildo war einer der Krämer, die zwei Mal im Jahr zu uns kamen. Einmal im Frühjahr und einmal im Spätherbst, wenn es auf den Feldern nichts mehr zu tun gab und die Wege noch begehbar waren. Ich weiß noch, wie ich Gildo zum ersten Mal sah. Ich musste an eine Ameise denken, die ein Stückchen Holz schleppt, das drei Mal größer ist als sie. Er kam den Weg von der Kirche herauf und trug sein Holzgestell auf dem Rücken, das ihn bei Weitem überragte. Mir war unbegreiflich, wie er sich auf den Beinen halten konnte, und noch mehr staunte ich, als ich die vielen Schubladen im Holzgestell bemerkte. Als Gildo das Gestell auf unseren Stubentisch bugsierte und die Schubladen öffnete, kam es mir vor wie Weihnachten und Ostern und Geburtstag zugleich. Ich sah Schätze – in jeder Schublade einen anderen: Knöpfe, Fingerhüte, Fäden, Gummibänder, Stricknadeln, Stopfgarn, Druckknöpfe, Geschirrspültücher, Hosenträger, Gürtel. Gildo sagte Kurzwaren dazu.

Nachdem meine Mutter gekauft hatte, was sie brauchte, brachte mein Vater einen Krug Wein und setzte sich mit Gildo an den Tisch. Ich verstand nicht, worüber sie sprachen. Ich hatte keine Ahnung, wer der einbeinige Silvius Magnago war, von dem mein Vater schwärmte, was Autonomie bedeutet und was eine Volkspartei ist. Mir war fremd, was Gildo sagte und vor allem, wie er es sagte. Er hatte nicht den walschen Akzent wie die krumme Loise, sondern flocht Wörter aus einem Dialekt ein, der deutsch klang, aber völlig unverständlich war. Heute weiß ich, dass es sich um Zimbrisch handelte, eine mittelhochdeutsche Mundart, die Sprachforscher fasziniert. Nur in abgelegenen Dörfern des Trentino hat sie sich erhalten.

Gemeinsam mit meinem Vater wetterte Gildo darüber, wie sich die Walschen nach dem Ersten Weltkrieg Südtirol einverleibt hatten mit dem Plan, das Deutschtum aus dem Land zu kehren. Sie hatten die einheimischen Beamten entlassen, die Vereine aufgelöst, die Trachten verboten. Sie hatten Italienisch als Amtssprache, Italienisch als Schulsprache, Italienisch als Namenssprache eingeführt. Deshalb hieß mein Vater offiziell Pietro. Der Name meiner Mutter war zum Glück international: Sie blieb die Maria. Der Plan der Walschen ging nicht auf. Die Südtiroler können sturer als Ziegen sein. Alles, was meine Eltern aus dem Italienischunterricht mitnahmen, war das „oschtia". Nicht einmal die Schimpfwörter sprachen sie richtig aus.

Mein Interesse an Politik wurde schlagartig geweckt, als die krumme Loise von den Pfunderer Buben zu erzählen begann. Es ging um Mord. Um Mord an einem Walschen. Und das an Mariä Himmelfahrt, anno 1956.

Abends hatten die Pfunderer Buben in einem Gasthaus gefeiert, zusammen mit zwei Finanzern: Francesco Lombardi und Raimondo Falqui, Beamte im Dorf. Die Finanzer hatten Schnaps spendiert. Man sang. Italienisch sogar. Um Mitternacht wurden die Walschen streng: Die Buben sollten nach Hause gehen. Sperrstunde. Die Buben wollten nicht. Weil Mariä Himmelfahrt war. Und weil man sich von Walschen nichts sagen ließ. Am Ende gingen sie dann doch, mit Wut im Bauch. Vor dem Gasthaus flogen Stöcke und Konservendosen, auf die Walschen natürlich. Die suchten das Weite. Die Burschen setzten ihnen nach. Raimondo Falqui holten sie ein. Und traten ihn nieder.

Mein Vater zuckte.

Am Ende rappelte sich Falqui auf und verschwand in der Dunkelheit. Die Buben gingen nach Hause und schliefen ihren Rausch aus. Am nächsten Morgen standen die Carabinieri vor der Tür. Man hatte Falqui gefunden: tot im Bach.

14 Pfunderer Buben säßen in Untersuchungshaft in Brixen, schloss die krumme Loise. Alle zwischen 18 und 22 Jahre alt.

Ein halbes Jahr lang mussten wir warten, um zu erfahren, wie die Geschichte weiterging. Anfang Mai kam die krumme Loise wieder. Sechs der 14 Buben seien entlassen worden, sagte sie. Die anderen acht hätte man nach Bozen gebracht und angeklagt. Wegen Mordes, wegen Amtsehrenbeleidigung und wegen Schmähung der italienischen Nation.

Wir schluckten.

Als die krumme Loise im September wieder die Runde machte, waren die Würfel gefallen: Schuldspruch für sieben der acht Pfunderer Buben. Über 100 Jahre Zuchthaus insgesamt. 24 für den Hauptangeklagten Alois Ebner, davon ein Jahr Einzelhaft.

Meine Mutter bekreuzigte sich. Jessesmaria!

Neun Tage habe der Prozess gedauert, erzählte die krumme Loise. Manche sprachen von einem Skandal. Mein Vater hob fragend die Brauen.

Die Spuren am Tatort seien nicht gesichert worden, sagte die krumme Loise. Die Tonde Hanne, die die Leiche gesehen hatte, habe vor Gericht nicht aussagen dürfen, ebensowenig wie der Gemeindearzt, obwohl er den Toten untersucht hatte. Dabei habe er eine Wunde am Kopf gefunden, vielleicht vom

Sturz in den Bach. Und 1,7 Promille im Blut. Doch das interessierte die walschen Richter nicht.

Die Geschichte ging noch lange weiter und wurde zunehmend komplizierter. Es ging um Begriffe wie Berufung, Strafverschärfung, Kassationsgerichtshof und Beschwerde vor der Europäischen Menschenrechtskommission. Wir redeten noch darüber, als die krumme Loise schon lange nicht mehr zu uns kam.

Wenn die krumme Loise müde war, streckte sie sich auf der Ofenbank aus, wo sonst mein Vater lag. Zwar hing ein Drittel ihres Körpers über die Ofenbank hinaus, trotzdem war es dort bequemer und wärmer als draußen im Wald, wo die krumme Loise im Sommer meistens schlief. Im Winter war sie für jede Ofenbank dankbar.

Die krumme Loise war nicht die einzige Bettlerin, die an unsere Tür klopfte. Es gab sogar Bettler, die mit offizieller Genehmigung der Gemeinde unterwegs waren. Das machte mächtig Eindruck, doch die krumme Loise war die Einzige, die von uns freie Kost und Logis bekam. Die anderen Bettler mussten uns im Gegenzug zur Hand gehen. Sie halfen auf dem Feld oder im Stall oder wo immer es etwas zu tun gab. Zum Schlafen legten sie sich in den Stadel. Davor nahm ihnen mein Vater den Ausweis, die Zigaretten und das Feuerzeug ab. Als Pfand. Und zur Sicherheit.

Die krumme Loise blieb drei Tage lang bei uns. Am zweiten Tag sperrte sie sich in unserer Küche ein, um zu baden. Noch ein Privileg, das die krumme Loise genoss. Meine Mutter füllte warmes Wasser in den Zuber und die krumme Loise tat, als wäre sie im Wellness-Hotel. Sie schrubbte jeden Flecken ihrer Haut. Einmal beobachtete mein Bruder Karl sie dabei durchs Schlüsselloch. Ihr blanker Busen war wohl der erste, den er gesehen hat. Dumm nur, dass meine Mutter ihn erwischte. Ihr Gezeter klingt mir heute noch im Ohr. Meine Mutter drohte mit Strafe, Pfarrer Ferdinand drohte mit dem Fegefeuer, der Himmel drohte einzustürzen.

Als sich die krumme Loise tags darauf verabschiedete, bekam sie noch mehr Butter als sonst mit auf den Weg. Zufrieden steckte sie den Batzen in ihren Rucksack zu den Butterstücken, die sie von anderen Bauern erhalten hatte. Sobald sie genügend davon beisammen hatte, würde sie sie zu einem einzigen Klumpen formen und ihn in der Stadt verkaufen. Schon jetzt freute sie sich darauf. Die krumme Loise hat aus ihrem Leben wirklich das Beste gemacht.

Tiefgefroren für die Ewigkeit oder: Wie wir mit dem Tod umgingen

Zum Leben gehört der Tod. Uns damals war das viel stärker bewusst als den Menschen heute. Drei Tage lang wurden die Verstorbenen zu Hause aufgebahrt, bevor wir uns für immer von ihnen verabschiedeten. Die erste Tote, die ich hautnah erlebte, war meine Oma Jule. Sie wurde 95 Jahre alt und starb an Altersschwäche. Irgendwann kam der Tod nicht mehr umhin, sie zu sich zu holen. Dass er so lange gezögert hatte, ist nicht verwunderlich, wenn man meine Oma Jule kannte. Zwar soll man nicht schlecht über die Toten reden, aber ich bin auch dafür, nichts zu verklären. Ansonsten, da stimme ich meinem Onkel Walter zu, könnte der Eindruck entstehen, der beste Teil der Menschheit liege unter der Erde.

Das Leben hat es meiner Oma Jule nicht leicht gemacht. Zehn Kinder brachte sie zur Welt, acht davon starben an Diphterie. Ein Engelchen nach dem anderen musste sie dem Himmel überlassen. Nur meinen Vater und Onkel Walter durfte sie behalten. Gegen die Diphterie hatte selbst Oma Jule nichts in der Hand. Nicht einmal das Kampferwasser half. Obwohl es angeblich gegen 99 Krankheiten gut war. Oma Jule trank es täglich stamperlweise, vor dem Zubettgehen und nach dem „Gelobt sei Jesus Christus und gute Nacht".

Neben dem Kampferwasser hatten wir noch jede Menge anderer Hausmittel für den Ernstfall parat. An uns ist die Pharmaindustrie nicht reich geworden. Bei Fieber schlug mir meine Mutter Essigwickel um die Waden, bei Husten gab sie mir Zwiebelsaft, der mich immer zum Würgen brachte, aber auch immer half. War ich richtig krank, machte mir meine Mutter Hühnersuppe. Sie legte eine kopflose Henne ins Wasser, ließ es aufkochen, schüttete den Sud ab, wusch das Fleisch und setzte es von Neuem auf. Nach einer guten halben Stunde war die klare, kräftigende Brühe fertig. Ich musste sie sofort trinken. Heiß. Am besten verbrannte ich mir die Zunge daran.

Mein Vertrauen in die Hühnersuppe war so groß, dass ich selbst meine Läuse damit loswerden wollte. Sie befielen mich ohne Vorwarnung mitten im Winter und juckten fürchterlich. Wenn ich mich bewegte, rieselten sie vom Kopf. Ich wollte mir mit der Hühnersuppe die Läuse vom Kopf waschen oder die Brühe wenigstens trinken. Doch meine Mutter winkte ab. Statt Hühnersuppe gab sie mir Essigwasser – Gott sei Dank nur zum Haarewaschen, nicht zum Trinken.

Wenn die Hühnersuppe nicht mehr half, schickte meine Mutter nach Doktor Kofler. Er war der einzige Menschenarzt im Dorf und konnte alles: Brüche schienen, offene Wunden verarzten, Eiterbeulen auskratzen. Wenn auch er mit Taten nichts mehr ausrichten konnte, half er mit Worten. Wer viel krank sei, pflegte er zu sagen, den habe der Herrgott lieb.

Mein Vertrauen in Doktor Kofler war fast genauso groß wie in die Hühnersuppe. Doch nach und nach musste ich erkennen, dass auch Doktor Kofler nicht allmächtig war. Es begann damit, dass mein Onkel Walter an Rheuma erkrankte. Doktor Kofler konnte tun und lassen, was er wollte, die Glieder meines Onkels verkrampften immer mehr, bis er im Bett erstarrte. Dann traf es meine Schwester Maria. Sie wurde schwanger, an sich nichts, wofür es Doktor Kofler brauchte. Doch das Baby starb und Doktor Kofler bemerkte es nicht. Elf Wochen hat Maria ihr totes Baby im Bauch getragen.

Auch für den Jörgl konnte Doktor Kofler nichts tun. Nichts gegen das Stottern und nichts dagegen, dass er nicht ganz richtig im Kopf war. Das Stottern kam daher, dass ihm jemand einmal unerwartet auf den Rücken geschlagen hatte, sagte meine Freundin Annelies. Nicht ganz richtig im Kopf war der Jörgl schon vorher gewesen. Er wohnte nicht weit von uns entfernt, kam oft zu meiner Mutter, setzte sich zu ihr auf die Ofenbank und unterhielt sich mit ihr. Das heißt: Sie sprach, er hörte zu. Niemand brachte den Jörgl zum Reden, wenn er nicht wollte. Meine Mutter versuchte es erst gar nicht. Sie ließ ihn sein. Dem Jörgl zu nahe zu kommen, war ohnehin nicht ratsam. Der Jörgl stank, weit mehr als alle anderen. Ich glaube, er hat sich überhaupt nie gewaschen. Ich habe ihn immer nur in seiner braunen Hose und seinem grauen Hemd gesehen. Im Winter trug er eine grüne Strickjacke. Sie gehörte zu ihm wie seine Zigaretten. Er rauchte wie ein Türk. Selbstgedrehte, aus Heublumen. Auch wenn er neben meiner Mutter auf der Ofenbank saß. Er paffte die Zigaretten fast zu Ende und schluckte den Stummel dann einfach hinunter.

Der Jörgl war nicht der einzige Trottel im Dorf. Aber er war einer der wenigen, die wir zu Gesicht bekamen. Wahrscheinlich lag das daran, dass er nach außen ganz normal wirkte. Man sah ihm nicht an, dass er nicht richtig war im

Kopf. Deshalb durfte er unter die Leute. Die anderen Trottel wurden weggesperrt.

Nachdem Jörgls Eltern gestorben waren, durfte auch er nicht mehr mit meiner Mutter auf der Ofenbank sitzen. Seine Geschwister schickten ihn nach Pergine. Pergine liegt im Trentino und beherbergte die einzige Irrenanstalt weit und breit.

Fünf Jahre lang war der Jörgl dort, bevor er starb. Nach seinem Tod bezahlte meine Mutter eine Messe für ihn. Viel mehr als Doktor Kofler hatten die Herren Doktoren in Pergine offensichtlich auch nicht für ihn tun können.

Als Oma Jule das Zeitliche segnete, war Doktor Kofler gerade im Gasthaus. Mein Vater ließ ihn rufen, doch es gelang Doktor Kofler nicht, sich rechtzeitig von seinem Glas Wein loszureißen. Als er endlich kam, hatte Oma Jule schon den letzten Atemzug getan.

Ob sie vor ihrem Tod geschwitzt habe, wollte Doktor Kofler wissen.

Ja, antwortete mein Vater.

Gut, nickte Doktor Kofler, das sei gut gewesen.

Anders als Doktor Kofler war Pfarrer Ferdinand rechtzeitig gekommen und hatte Oma Jule die Letzte Ölung erteilt. Ein Kreuzzeichen auf die Stirn und eines auf die Hand. Das sollte Oma Jule stärken und ermutigen. Es sollte ihr Anteil am Heiligen Geist und am Kreuze Christi geben, wie Pfarrer Ferdinand immer sagte. Ich habe das nie verstanden. Und Oma Jule in diesem Moment offensichtlich auch nicht. Sie schlug die Augen auf und schaute Pfarrer Ferdinand an. Und dann beschloss sie – die Frau, die sogar auf der Straße gebetet hatte, für die Buße zu tun ein Segen war und die alles Neue verabscheute – ihr Leben mit folgendem Satz: „Ich glaube, ich habe immer falsch gebetet."

Pfarrer Ferdinand war gerade auf dem Weg zurück zum Widum, als er uns auf der Straße traf.

„Eure Oma Jule ist gestorben", sagte er.

„Bin ich froh!", entfuhr es meinem Bruder Karl.

Pfarrer Ferdinand reagierte nicht. Offensichtlich dachte er noch über Oma Jules letzte Worte nach.

Wir hatten tatsächlich lange darauf gewartet, dass Oma Jule starb. Als Onkel Walters Stadel brannte, wäre es fast schon so weit gewesen. Während eines Donnerwetters im August hatte der Blitz in den Stadel eingeschlagen, obwohl mein Onkel zu Ostern ein geweihtes Ei übers Dach geworfen und an der Stelle vergraben hatte, an der es aufgeschlagen war. Als Oma Jule beim Löschen helfen wollte, war ihr aus den dichten Rauchschwaden der Gaul meines Onkels entgegengestürmt. Nur um Haaresbreite rannte er Oma Jule nicht über den Haufen, was mein Bruder Karl schon damals bedauerte. Denn so blieb Oma Jule noch massig Zeit, um ein Auge auf uns zu haben. Vor allem in der Kirche, wenn mir wieder einmal zum Lachen zumute war.

Als wir zu Hause ankamen, war meine Mutter schon dabei, Oma Jules toten Körper zu waschen und ihr frische Kleider anzuziehen, was man am besten gleich tut, bevor die Totenstarre einsetzt. Anschließend wurde Oma Jule in den Sarg gelegt und in unserer Stube aufgebahrt. Drei Tage lang durften sich der Geist und die Seele der Verstorbenen von der Erde und ihren Lieben verabschieden.

Der Geist und die Seele des Gassler-Bauern hatten drei Monate dafür Zeit.

Als er starb, war es Winter. Einer jener Winter, die den Hof am Fuß des Einsers metertief einschneiten. Den Leichnam ins Tal auf den Friedhof zu bringen, war unmöglich. Also froren die Schlesierin – ihre Mutter war längst gestorben – und ihr Knecht den Gassler-Bauern tief. Sie legten ihn auf den Dachboden, wo er stocksteif auf seine letzte Reise wartete. Unversehrt hat er sie am Ende allerdings nicht angetreten. Schuld daran war der Fuchs. Der hatte es auf die Hennen des Hofes abgesehen. Der Knecht stellte Fallen auf. Und legte als Köder Stückchen vom Gassler-Bauern hinein. Pfarrer Ferdinand, der ihn im Frühjahr beerdigte, hat es zum Glück nicht bemerkt.

Wir zogen die Vorhänge in der Stube zu, um Oma Jule bis zum Begräbnis möglichst frisch zu halten. Tagsüber, wenn die Leute aus dem Dorf zum Beten kamen, blieb der Sargdeckel offen. Ich hatte schon andere Leichen gesehen und war auf unzähligen Beerdigungen gewesen, weil jeder im Dorf jeden kannte und jeden beim letzten Gang begleitete. Doch irgendwie war mir bei Oma Jule doch anders zumute. Blut ist dicker als Wasser.

Immerhin kriegten wir an den Tagen nach Oma Jules Tod genug zu essen. Jeder, der an ihren Sarg kam, brachte uns etwas mit: Brot, Eier, Speck, Kuchen, Krapfen. Die Hinterbliebenen, hieß es, hätten an anderes zu denken als ans Kochen und viele Gäste obendrein. Das stimmte. Ich habe noch nie so viele Verwandte auf einem Haufen gesehen. Manche kannte ich überhaupt nicht. Gemeinsam standen wir um Oma Jules Sarg und beteten den Rosenkranz. Mittags und abends. Die Bruggenwirtin machte die Vorbeterin. Ein „Vater unser im Himmel", zehn „Ave Maria", dazwischen immer wieder ein „Der Herr gib ihr die ewige Ruhe und das ewige Licht leuchte ihr", das ganze fünf Mal, alles gleich monoton, als wäre Leiern Pflicht. Von der Stube zog das Murmeln durch den Gang hinaus ins Freie, wo die Betenden in einer großen Traube standen.

Nachts machte mein Vater den Sargdeckel zu. Am dritten Tag für immer.

Mein Vater und fünf andere starke Männer trugen Oma Jules Sarg. Es war weit bis zum Friedhof und natürlich gingen wir zu Fuß. Oma Jule war die Erste, bei der ich hinter dem Sarg herging und nicht vorneweg zwischen all den anderen Kindern. Nach den Kindern kamen die Frauen, dann die Männer, dann der Pfarrer, dann Oma Jule und hinter ihr die Verwandten.

Pfarrer Ferdinand fand tröstende Worte, zumindest am Anfang seiner Predigt. Er sprach von der Heimkehr zum Vater und von der Auferstehung am Jüngsten Tag. Doch je länger die Predigt dauerte, desto düsterer sah die Sache aus. Die Heimkehr zum Vater führe mitunter durch das Fegefeuer, und ob man bei der Auferstehung am Jüngsten Tag wirklich auf ein Wiedersehen hoffen könne, hänge davon ab, ob jemand nicht vielleicht doch in der Hölle gelandet sei.

Ich dachte daran, wie Annelies mir einmal erzählt hatte, dass manche Verstorbenen zurück auf die Erde kämen, um die Menschen vor den Höllenqualen zu warnen, von denen Pfarrer Ferdinand sprach. Die Vorstellung, dass Oma Jule mit Botschaften aus dem Jenseits auftauchen könne, gefiel mir nicht. Ich fürchtete weniger die Botschaften als vielmehr Oma Jule selbst.

Nach der Messe trugen wir Oma Jule zu Grabe. Der Totengräber, der nur aus Haut und Knochen bestand, und den alle Grabler nannten, hatte am Tag zuvor unser Familiengrab geöffnet. Annelies und ich hatten ihm dabei zugeschaut – geduckt hinter der Friedhofsmauer. Es war Juni und der Boden war weich. Das machte es dem Grabler leicht. Und doch schwitzte er, während er mit Spitzhacke, Spaten und Schaufel die Erde umwühlte und Strümpfe, Knochen und einen Schuh zutage beförderte. Der Schuh könnte von meinem Opa gewesen sein, der Oma Jule ins Jenseits vorausgegangen war. Die Strümpfe waren wahrscheinlich von seiner ledigen Schwester, deren Namen ich nicht mehr weiß. Und die Knochen, die in die Luft flogen, dürften sowohl von meinem Opa als auch von seiner Schwester gewesen sein.

Mein Vater und die fünf anderen starken Männer ließen Oma Jules Sarg an Seilen ins Erdreich hinab. Meinem Vater rutschte dabei das Seil durch die Finger und es fehlte nicht viel, da wäre Oma Jules Sarg auf den Boden geknallt. Ich denke, sie hätte noch im Grab Ruhe angemahnt.

Nach der Beerdigung gingen wir zum Bruggenwirt. Dort gab es den Leichenschmaus: Fleischsuppe mit Nudeln und richtig viel Fleisch drin. Ich aß fast so viel wie am Kirchtag. Am meisten aß wie immer Pfarrer Ferdinand. Zehn Teller dürften es gewesen sein. Und dazu jeweils ein Glas Wein. Als ich ihn später Richtung Widum schwanken sah, kam ihm am Gartenzaun die Suppe wieder hoch.

Ich muss sagen, Oma Jules Begräbnis konnte sich sehen lassen. Auch wenn es natürlich nicht vergleichbar war mit dem Fest, das zustande kam, als der Hansl ein paar Jahre später starb. Der Hansl war der Mann meiner Schwester Rosina. Ein Bilderbuch-Mensch. Die Frauen liebten ihn und die Männer mochten ihn. Er wurde nicht einmal 45 Jahre alt. Nach seiner Beerdigung zogen die Männer mit Leiterwägen durchs Dorf und spielten Ziehharmonika bis in den Morgen. So sehr würden sie um den Hansl trauern, sagten sie. Um den Hansl hat es den Leuten wirklich Leid getan. Selbst der Himmel weinte. Es regnete in Strömen.

Wenn jemand starb, wurde deutlich, wie unsere Gesellschaft funktionierte: Sie arbeitete wie Zahnräder, die ineinandergriffen und sich gegenseitig halfen. Wenn ein Rad fehlte, geriet mitunter das ganze System ins Wanken. Besonders hart traf es unsere Nachbarin Zenze, deren Mann Seppl beim Holzziehen von einem Baumstamm erdrückt worden war. Der Zenze blieben neun Kinder, sonst nichts. Ihr Mann war Zimmerer gewesen. Er hatte keine Felder gehabt und nicht einmal eine Kuh. Nach seinem Tode dauerte es nicht lange, da wusste die Zenze nicht mehr, wie sie ihre Kinder ernähren sollte. Eines Tages fehlte sogar das Brot. Da ging die Zenze an Seppls Grab. „Seppl“, sagte sie, „ich weiß nicht mehr weiter. Jetzt musst du uns helfen.“

Und der Seppl hat geholfen. Als die Zenze vom Friedhof nach Hause kam, hatte ihr jemand Brot und Milch vor die Tür gestellt.

Der Glaube versetzt Berge. Er lässt die Toten erwachen. Er lässt Menschenherzen schlagen – und manchmal sogar die Glocken läuten.

Die Glocken läutete gewöhnlich der Messner. Seine Arbeit war eine wahre Wissenschaft: An Werktagen musste er andere Glocken läuten als an Feiertagen, für jeden Anlass war eine bestimmte Reihenfolge einzuhalten. Manchmal folgten auf die kleinen Glocken die großen, manchmal auf die großen Glocken die kleinen. Melodischer Tiefgang und klingender Höhenflug. Wenn die Glocken im Takt läuten sollten, halfen die Männer des Dorfes dem Messner bei der Arbeit. Im vorgegebenen Rhythmus zogen sie an den Seilen, die an den Glocken befestigt waren, und mussten achtgeben, dass die Glocken sie dabei nicht streiften. Einmal löste sich ein Schlegel und fiel dem Gassler-Bauern auf den Kopf. Doch schon am Sonntag darauf war er wieder zur Stelle. Seitdem die Schlesierin mit ihrer Mutter bei ihm eingezogen war, kam der Gassler-Bauer sogar dann in die Kirche, wenn der Messner ihn gar nicht brauchte.

Der gefährlichste Part beim Läuten war der Schluss, wenn es galt, die Glocken wieder abzubremsen. Einmal in Schwung gekommen, zogen sie die Männer buchstäblich himmelwärts, sodass ihnen Hören und Sehen verging. Glücklicherweise kamen die Männer unseres Dorfes immer heil auf die Erde zurück.

Den Schneider Franz brachten die Glocken nicht nur ins Himmelreich, sondern sogar zur Rechten des Vaters. So sagten es zumindest die Leute, als das Wunder mit den Glocken geschah.

Der Schneider Franz sah es als seine Lebensaufgabe an, jeder Kirche eine Glocke zu geben. Das sei sein Dienst an Gott, sagte er. Im ganzen Land sammelte er Spenden fürs Geläut. Kurz vor seinem Tod hatte er unserem Nachbardorf sogar ein elektrisches spendiert.

In dem Moment, als der Schneider Franz starb, viel zu früh an Krebs, fingen ebendiese Glocken zu läuten an. Ganz von allein läuteten sie und völlig aus der Zeit. Dem Messner blieb das Herz stehen und als es wieder zu schlagen anfing, rannte er in die Kirche und versuchte, die Glocken zu stoppen. Er drückte auf alle Knöpfe und bat die Mutter Gottes um Hilfe, doch es nützte nichts. Die Glocken läuteten weiter. Erst nach zehn Minuten hörten sie auf. Da drückte der Messner schon längst keine Knöpfe mehr.

Die Geschichte sprach sich herum. Drei Tage später, zum Begräbnis des Schneider Franz, kamen Leute aus dem ganzen Land. Ihre Aufmerksamkeit galt weniger dem Sarg, als vielmehr dem Kirchturm. Doch auf Bestellung geschehen keine Wunder.

Eine Geschichte zum Schluss & ein Gedanke danach

Die guten alten Zeiten hat es nie gegeben, gute Menschen immer schon. Eine Geschichte über das Gute hat mir meine Mutter erzählt.

Es sei die wahre Geschichte vom verlorenen Sohn, sagte sie, und ich fürchtete, sie würde mir einen Ableger von Pfarrer Ferdinands Bibel-Gleichnis auftischen, das er gern erwähnte, weil es darin um ein schwarzes Schaf ging. Doch Mutters Geschichte handelte von einem Mann, der ins Gefängnis gehen musste. Zehn Jahre lang wurde er eingesperrt. Das Verbrechen, das er begangen hatte, muss schlimm gewesen sein.

Kurz bevor er wieder freikam, schrieb er einen Brief nach Hause: Ob er heimkommen dürfe, fragte er seine Eltern. Ob sie ihm den Kummer und den Schmerz vergeben könnten, die er ihnen bereitet hatte.

Er bat in seinem Brief um ein Zeichen. In den nächsten Tagen werde er mit dem Zug an ihrem Haus vorbeifahren und auf den Apfelbaum im Garten schauen. Wenn er willkommen sei, sollten die Eltern ein weißes Band auf den Baum hängen. Wenn er kein Band sähe, werde er weiterfahren und ihnen trotzdem Gottes reichsten Segen wünschen.

Als der Mann im Zug sitzt und sich seinem Elternhaus nähert, traut er sich nicht, aus dem Fenster zu schauen. Deshalb bittet er seinen Sitznachbarn, einen Blick auf den Apfelbaum zu werfen. Als der ihm freudig und überzeugend auf die Schulter klopft, hebt der Mann vorsichtig den Blick. Er sieht den Apfelbaum – und 100 weiße Bänder, die ihm entgegenwinken.

Das Leben ist eine Reise. Eine Reise auf einem Weg, der frei sein sollte von Zwängen und Sorgen, von Lügen und Illusionen, von Täuschungen und Unwissenheit.

Doch allzu oft lassen wir uns von ihnen den Weg versperren. Wir sind gefangen in alten Mustern, die uns zwar vertraut sind, aber schaden, in Strukturen, die uns unterdrücken, in Denkweisen, die uns Angst machen. Wir haben unsere Macht und Verantwortung abgegeben wie einen Mantel in der Garderobe. Auf unsere Wünsche und Vorstellungen folgen keine Taten, weil andere für uns agieren sollen.

Ändern wir's. Lassen wir die Selbstverständlichkeit, die Langeweile und die Gier, die Undankbarkeit und den Unmut, die sich wie ein Flächenbrand ausgebreitet haben, hinter uns. Brechen wir die Ketten der Lügen auf, die uns festhalten, und reißen wir den Schönrednern die Larven vom Gesicht.

Gehen wir verantwortungsvoll hinaus in die Freiheit, bestückt mit Mut und Zuversicht, mit Liebe zu uns und dem Nächsten. Wer sich selbst vergibt, dem vergeben die anderen. Wer sich selbst annimmt, der wird akzeptiert. Denn die anderen sind unser Spiegelbild. Sie zeigen uns unsere Schwächen und unsere Stärken, unser Zuviel und unser Zuwenig, unsere Wirkung und unsere Aufgaben. Sie sind wie Ampeln und Wegweiser, wie Schilder und Lichter auf der Reise unseres Lebens.

Trauen wir uns, während der Fahrt aus dem Fenster zu schauen! In eine andere Welt, in der das Alte ruhen darf, in der neue, gesunde Werte blühen, in der die Dankbarkeit und die Wahrheit regieren, in der die Zufriedenheit uns antreibt, in der wir etwas verändern und in der die Freude uns beseelt. Leben wir wieder, was wir sind, geben wir wieder, was wir haben, und kommen endlich nach Hause. Heim in unser Herz. Wo ein Baum mit 1000 Bändern steht und mit Wurzeln, die bis zu *der* Quelle reichen, die niemals versiegt.

Glossar

- *aper*: süddeutsche, österreichische und schweizerische Bezeichnung für „schneefrei" – im Gegensatz zu „schneebedeckt". Eine geaperte Fläche ist eine Fläche, auf der der Schnee bereits geschmolzen ist.

- *Boxilemehl, das*: süßlich schmeckendes Mehl, das aus den Fruchtkapseln des Johannisbrotbaumes gemahlen wird. Als Johannes der Täufer sich einst hungrig durch die Wüste quälte, sollen ihm die süßen Früchte das Überleben gesichert haben.

- *Brotgrommel, die* (auch Brotgrammel, Brotgrambel oder schlicht Grambel): die Südtiroler Guillotine fürs Schüttelbrot. Früher unverzichtbare Brotschneidemaschine, bestehend aus einem Holzbrett mit gebogener Wandung und einem Messer, das derart an der Wandung befestigt ist, dass es sich auf und nieder bewegen lässt und das darunterliegende Brot zerkleinert.

- *Donne e buoi dai paesi tuoi*: italienisches Sprichwort, wörtlich = „(Hol dir) Frauen und Rinder aus deinem Land."

- *Farmat, der*: Feierabend; nicht nur bei Arbeitsende verwendeter Begriff, sondern auch dann, wenn es eine Gesellschaft aufzulösen galt.

- *Gaden, der* oder *das*: vom Althochdeutschen *gadam* oder *gadum*, was so viel bedeutet wie „Raum", „Gemach", „Scheune". In der Architektur ein einräumiges Haus oder eine einzelne Räumlichkeit innerhalb eines Hauses, z. B. eine Abstell- oder Speisekammer.

- *Gerstelsuppe, die*: Sammelsurium-Suppe aus Gerste, Speckwürfeln, geselchtem Schweinefleisch, Fleischbrühe, Wasser, Zwiebeln, gelben Rüben, Petersilienwurzel, Sellerie, Kartoffeln, Lauch, Salz, Pfeffer, Muskat, Wacholderbeeren, Lorbeerblättern – alles gebunden mit Mehl, Wasser und Rahm. Erinnert an karge Zeiten, in denen in den Tiroler Bergen vor allem Gerste und Buchweizen wuchs. Heute findet die Gerste seltener in der Küche und öfter als Futtermittel oder beim Bierbrauen Verwendung – wobei ein Glas Bier zur Gerstelsuppe hervorragend schmeckt.

- *Guffen, das*: beliebtes Spiel zu Ostern, bei dem man geweihte Ostereier gewinnen kann. Dabei umschließt der erste Mitspieler sein Ei mit der Faust derart, sodass nur noch der obere Teil des Eies zu sehen ist. Der zweite Mitspieler schlägt mit seinem Ei auf diese Stelle. Das Prozedere wird wechselseitig so lange wiederholt, bis die Schale eines Eies an beiden Enden zerbrochen ist – und es damit verloren ist.

- *Krapfen, der*: Oberbegriff für verschiedene Arten von Krapfen. Es kann sich um Faschingskrapfen aus Hefeteig, Marillenmarmelade und Staubzucker handeln, aber auch um Teigblätter aus Roggenmehl, die mit Topfen, Kartoffeln und Schnittlauch gefüllt werden, oder um ausgezogene Teigbällchen, die beidseitig in Öl gebacken werden und dabei wie Luftballone aufgehen.

- *Marende, die*: Lehnwort vom italienischen „merenda“ = „Zwischenmahlzeit“, „Jause“

- *Niggilan, die*: die Knödelchen unter den Backwaren. Der Teig besteht aus den Grundzutaten Mehl, Milch, Hefe, Eier, Öl, Salz, Zucker und muss zwei Stunden zugedeckt gehen, bevor man ihn in Streifen auswallt und stückweise abschneidet. Die Teigstücke muss man daraufhin noch einmal gehen lassen und anschließend in heißem Öl backen.

- *oschtia*: Südtiroler Aussprache für das italienische Wort „ostia“, was im übertragenen Sinne so viel wie „Donnerwetter!“ bedeutet.

- *Plattlan, die*: beidseitig ausgebackene Teigblätter, bestehend aus Mehl, Salz, Milch oder Sahne (oft auch aus dem übrig gebliebenen Tirtl-Teig), messerrückendick ausgerollt und viereckig ausgeradelt. Passt auch als Beilage zu gekochtem Sauerkraut.

- *Pofel, der*: gemeint ist hier nicht schlechte, verdorbene oder untaugliche Ware, für die der Begriff ebenfalls stehen kann, sondern der dritte Grasschnitt des Jahres (nach Heu und Grumet), normalerweise Ende September. Dieser liefert wenig, aber dafür sehr zarten Ertrag, ganz nach dem Motto: Klasse statt Masse.

- *porco lavoro*: Wortschöpfung aus den italienischen Begriffen „porco“ = „Schwein“ und „lavoro“ = „Arbeit“. Frei übersetzt: „Scheißjob“

- *Ronen, die*: österreichischer Ausdruck für Rote Bete, ein klassisches Wintergemüse, das bereits die Römer gerne verspeisten. Sie brachten die Rübe von Nordafrika nach Mitteleuropa. Diese ist reich an Vitamin B, Kalium, Eisen und Folsäure, aber auch an Oxalsäure, die Kalzium abbauen und die Bildung von Nierensteinen fördern kann.

- *Rorate, die*: besonders feierlich gestaltete Messfeier im Advent, vom Lateinischen „rorate“ = „tauet (ihr Himmel)!“ – nach dem ersten Wort des Eingangsverses der Liturgie der Messe, Jesaja 45, 8.

- *Schwedenreiter, der*: zwischen Holzstecken aufgespannte Drähte, auf die gemähtes, abgetrocknetes Gras zum vollständigen Dörren gehängt wird. Er schützt das Gras zwar nicht vor Regen, aber vor Bodenfeuchtigkeit.

- *Sgombri, die*: vom italienischen „sgombro", zu Deutsch „Makrele". Dabei handelt es sich um einen in Küstengewässern lebenden Schwarmfisch, der sich von Plankton und der Brut anderer Fische ernährt. Er kann – ungefischt – bis zu 50 Zentimeter lang und 17 Jahre alt werden.

- *Solder, der*: Außengang oder Balkon

- *Stocktirtlan, die*: für das Mittagessen des 24. Dezembers reservierte, besonders angerichtete Art von Tirtlan, die schichtweise übereinander gestockt und dazwischen mit einer Mischung aus Mohn und Glühwein (oder Mohn und Zuckerwasser für die Kinder) bestrichen werden.

- *Straube, die*: süßes Backwerk, das optisch an überdimensionale Spaghetti aus goldgelb gebackenem Teig erinnert. Der flüssige Teig aus Mehl, Milch, Eiern, Butter, Zucker, Salz (und ggf. einem Schuss Schnaps) wird durch einen Trichter spiralförmig in eine Pfanne mit siedendem Öl eingelassen. Nach dem Backen auf Küchenkrepp abtropfen, mit Puderzucker bestreuen, mit Preiselbeermarmelade garnieren und heiß servieren. In Süddeutschland, Österreich und Südtirol fester Bestandteil von Volks- und Wiesenfesten.

- *Suren, das*: bairisches Wort für Pökeln; ein seit der Antike bekanntes Verfahren, mit dem Fleisch und Wurst mit Hilfe von Nitritpökelsalz oder einer Mischung aus Kochsalz und Salpeter haltbar gemacht wird. Durch die darin enthaltenen Nitrate und Nitrite erhält das Fleisch eine leuchtend rote Färbung und wird in der Folge Pökelfleisch oder Surfleisch genannt.

- *Tirtl, das* (Pl.: die -an): deserttellergroße und ebenso platte kreisrunde Teigtaschen, gefüllt mit Topfen, Spinat, Kartoffeln (wahlweise auch gemischt) oder Sauerkraut, in heißem Fett gebacken. Der Teig besteht aus den Grundzutaten Mehl, Salz, Ei und Wasser. Traditionell an Samstagabenden gegessen – gern mit Milch oder Suppe.

- *Topfen, der*: bairischer Begriff für Quark; bereits der römische Schriftsteller Tacitus beschrieb diesen Frischkäse als Nahrungsmittel der Germanen. Die Bezeichnung Topfen lässt entweder die Herstellung in einem Topf anklingen oder bezieht sich auf die früher gebräuchliche runde Form des Käses. In Ostpreußen als „Glumse“, in Kärnten als „Schottenkas“, in Westmitteldeutschland als „Matte“, im Elsass als „Bibbeleskäs“ bekannt.

- *Walsche, der*: vom keltischen „welsch“; ursprünglich für „keltisch“, später für „romanisch“, „französisch“, „italienisch“; veraltet für „fremdländisch“ – in Südtirol in der Bedeutung von „Italiener“.

- *Watten, das*: Kartenspiel, an dessen Ende der Wattkönig gekrönt wird. Normalerweise von zwei oder vier Personen gespielt, mit fünf Karten pro Hand. Vor dem Beginn einer jeden Runde werden Schlag (vom Siebener bis zur Ass oder der Weli) und

Trumpf (Herz, Laub, Eichel, Schell) „angesagt". Wer drei Mal sticht, hat eine Runde gewonnen und erhält zwei Punkte. Gewonnen hat, wer 11, 15 oder 18 Punkte erreicht. Watten kann offen oder „blind" gespielt werden, wobei Ersteres bedeutet, dass alle Mitspieler wissen, welcher Schlag und welcher Trumpf stechen, während Letzteres heißt, dass nur zwei der vier Spieler diesbezüglich im Bilde sind.

- *Weite Kegel, der*: beliebtes Spiel an Kirchtagen für treffsichere Männer, bei dem es gilt, mit einer Holzkugel drei im Abstand von 12, 15 und 18 Metern hintereinander aufgestellte Kegel zu treffen. Die Kegel stehen auf hüfthohen Stöcken und sind dabei lose auf einem Nagel befestigt. Wer mit drei Würfen mindestens drei Treffer landete, hatte früher gute Chancen auf einen Sieg – vorausgesetzt, er lag bei Spielschluss am Abend vorn. Heute gewinnt, wer bei einer Tour (= zehn Wurf) die meisten Treffer landet. Die Kosten für eine Tour werden gerne an den Bierpreis beim Kirchtag gekoppelt.

- *Widum, das*: österreichischer Begriff für „Pfarrhaus"; Residenz des Dorfpfarrers, in der er mit der *Widenhäuserin,* seiner Haushaltshilfe, lebt(e). Manchmal mit direktem, überdachtem Verbindungsgang zum benachbarten Gotteshaus, damit der Pfarrer trockenen Fußes zur Arbeit gelangen kann.

KLUGES KÖPFCHEN
Bauernmädchen Anna
geb. 1912 in Südtirol

224 Seiten, 12 x 18,5 cm, broschiert
ISBN 978-88-8266-908-9

»Kluges Köpfchen« beschreibt die Kindheit und Jugend der hochbegabten Anna, eines Bergbauernmädchens aus Südtirol. Es ist ein historischer Roman, der in der Zeit des Faschismus spielt; ein Buch über »Katakombenschulen«, Armut, über Liebe und Hoffnung einer starken Südtirolerin, die schließlich ihr Schicksal meistert.